한번쯤, 파리지앵처럼

한 번쯤, 파리지앵처럼

평범한 일상도 특별해지는 21가지 삶의 기술

민혜련 지음

21세기북스

저자 서문

자유와 품격이
공존하는
파리지앵의 삶처럼

인생에는 변화하는 단계가 여러 번 있다. 나는 올해 또 하나의 단계를 넘었다. 딸아이가 교복을 벗고 대학에 갔는데, 그 아이를 낳았을 때만큼이나 인생의 또 다른 변곡점을 지나고 있다는 느낌을 받았다. 딸아이가 파릇파릇한 삶의 기쁨에 도취되어 청춘을 만끽하는 모습을 보며 나는 갑자기 어른이 되었다. 지금까지는 '입시'라는 유모에게 그 애를 맡겨두고는, 내가 어떤 인생을 살지에 대해 생각하느라 바빴다. 그런데 이제 내 인생은 간소하게 정리하고, 그 애가 어떤 인생을 살면 좋을까 하는 생각을 하게 되니 말이다.

교복을 벗고 두근거리는 마음으로 인생의 첫발을 내딛던 그 시절에 나는 어떤 인생을 살고 싶었던가……. 요즘 학생들도 그렇지만 그 시절도 중·고등학교를 공부에만 매달려 지내다 보니 대단한 생각은 별로 하지 못했던 것 같다. 하지만 대학에 가고 프랑스 문학을 전공하면서 내 삶의 방향은 180도 바뀌었다. 언제나 '프랑스'라는 미지의 세계가 그림자처럼 옆에 있었다. 결국 그 미지의 세계를 찾아 졸업 후 프랑스로 떠났고, 그 이후의 내 삶은 파리를 제외하고는 이야기 할 수 없게 되었다.

오래된 회색 돌들과 고풍스런 거리의 카페들, 아르누보Art Nouveau의 아름다운 곡선 창틀과 문 사이에 걸린 화분들……. 이 도시를 거닐며 나는 심장이 뛰었다. 첫눈에 반한 사랑처럼 그것이 아니면 죽을 것 같은 열정으로 가득 찼었다. 하지만 사랑에 어디 기쁨만 있으랴. 모든 사랑이 그렇듯이 다시는 이 도시에 발붙이지 않으리라는 실망과 환멸, 권태도 있었다. 하지만 파리는 그 모든 것을 넘어 언제나 마법처럼 나를 잡아끌었다. 마치 섬세하고도 자유분방한 '나쁜 남자'처럼, 퇴폐와 예술의 경계선상에서 위태롭게 줄을 타며 내 마음을 사로잡았다.

"세계를 발견하려면 기존의 익숙한 수용방식과 단절해야 한다"고 프랑스의 현대철학자 메를로 퐁티Maurice Merleau Ponty가

말했다. 이만큼 파리를 압축해서 보여주는 말은 없는 것 같다. 익숙하다는 것은 편안하지만 열정은 없다. 파리가 그토록 화려한 몇 세기를 보내며 문화의 힘을 축적할 수 있었던 것은 언제나 익숙함을 버리고 모험에 뛰어들었기 때문이다. 그래서 누구나 이곳에 오면 억눌렸던 또 하나의 자신을 발견하고, 예술가가 된다. 이 도시는 도무지 인간의 상상력에 아무런 구속을 가하지 않는다.

이는 17세기 이후로 발전해온 이들의 독특한 정신, 프랑스적 에스프리 esprit, 정신에서 온다. 베르사유 Versailles 궁에서의 떠들썩한 축제와 계몽주의와 대혁명이라는 깨우침의 시기를 지나, 레지스탕스와 68혁명에 이르면서 프랑스인들은 '특별한 재능'을 키운 것 같다. 바로 인간의 심리와 행동을 관찰하는 능력이다. 인간의 무한한 숭고함과 더불어 사회적 포장 뒤에 숨은 약점과 욕망, 어리석음 등을 솔직하게 꿰뚫어 보는 것이다.

그래서 프랑스만큼 문학과 예술에서 모순으로 이루어진 인간성을 적나라하게 표현하는 나라는 없다. 이런 전통으로 프랑스는 인문학과 철학이 발달하였고, 정치, 경제, 과학, 여기에 대중문화까지 모든 분야는 그 토대 위에 세워졌다. 그러다 보니 프랑스 사회에는 다양한 문화와 목소리가 동등한 힘을 가지고 공존한다. 그 안에서 인간은 삶의 방식을 자유롭게 선택할 권리를 갖는 것이다. 그래서 아무리 미국의 힘이 강해도 프랑스는 아직도 인간을 매료시키는 품격과 깊이가 있다. 프랑스 친구들의 자부심에 때로는 슬며시 짜증날 때도 있지만, 인정할 건 인정할 수밖에…….

내 딸을 포함해 이 나라의 많은 딸들이(아들들도!) 점수니 연봉이니 하는 숫자에서 벗어나 넓은 세계를 훨훨 날며 자유로운 영혼으로 살았으면 좋겠다. 우리 삶의 방식이 고속도로처럼 뻥 뚫려 있지만 단조로운 길만 있는 것이 아니라, 작고 구불구불한 오솔길이 있어 그 안에는 이름 모를 들꽃과 새의 지저귐 그리고 수많은 예기치 않은 만남들로 가득 차 있다는 것을 발견했으면 좋겠다. 그래서 '바닷가의 모래가 부드럽다는 것을 책에서 읽기만 하는 것이 아니라 맨발로 온몸의 감각을 통해 느끼는' 그런 삶을 살았으면 좋겠다.

아, 내 젊은 날의 스승이었던 앙드레 지드 André Gide의 책 《지상의 양식 Les Nourritures terrestres》을 읽었을 때의 전율이 아직도 생생하다.

훗날, 내 열여섯 살 때의 모습과 비슷하면서도 더 자유롭고 더 성숙한 젊은이가, 자신의 가장 가슴 두근거리는 의문에 대한 답을 여기서 발견할 수 있도록 하기 위하여 나는 이 글을 쓴다.

내가 지드의 책에서 가장 가슴 두근거리는 의문에 대한 답을 발견했던 것처럼, 이 책도 누군가에게 답을 줄 수 있었으면 좋겠다. 인생의 환희에 가득 차 있는 내 딸 이수에게 이 책을 바치며……..

2014년 5월
삼청동에서
민혜련

저자 서문 자유와 품격이 공존하는 파리지앵의 삶처럼 • 004

Chapter 01
일상을 예술로 만드는 사람들

파리지앵이 인생을 살아가는 법 • 015
Art de Vivre 삶의 기술

내 껍질에 편안히 들어가 있다 • 029
Bien dans Sa Peau 몸을 받아들임

닿을 수 없기에 더욱 섹시한 • 041
Trouver la Bonne Distance 존재 사이의 미학적 거리

삶의 품격을 말하다 • 054
Culture 문화

변화와 혁신을 이끈 사람들 • 067
Gauche 좌파

예술과 문학의 정점, 한가운데에 있다 • 081
Café 카페

먹고 즐기는 모든 것을 위하여 • 092
Amuse-Bouche 입의 즐거움

Chapter 02
사상은 섹시하게, 삶은 자유롭게

차이를 인정하고 존중하다 • 109
Bourgeois 부르주아

인생 최고의 모험 • 123
Amour 사랑

신뢰 사회를 만드는 교육의 힘 • 138
Éducation 교육

사랑의 완성 혹은 끝 • 152
Mariage 결혼

세련된 표현과 열정적 토론의 산실 • 167
Salon 살롱

가식과 신비의 페르소나 • 179
Etiquette 에티켓

문화적 깊이를 만드는 생각 • 192
Tolérance 톨레랑스

Chapter 03
매혹의 다른 이름, 파리 그리고 파리지앵

궁극의 자연스러움 • 209
Chic 시크

파리에는 유행이 없다 • 222
Mode 패션

은근한 유혹이 더 끌리는 이유 • 234
Femme Fatale 팜므파탈

모두 각자의 향이 있는 나라 • 250
Parfum 향수

화장품 대국의 무심한 아름다움 • 261
Toilette 화장

명품의 뒷모습 • 276
Luxe 명품

왜 순응하는가 • 292
Liberté 자유

Chapter 01

일상을 예술로 만드는 사람들

프랑스는 정원과도 같다.
우리는 그 정원에서 가장 아름다운 꽃들을 따서 부케를 만들었다.
그 부케의 이름은 '파리'라고 한다.
— 하인리히 하이네Henrich Heine(독일의 시인)

파리지앵이
인생을 살아가는 법

Art de Vivre
삶의 기술

프랑스 하면 떠오르는 것 중에 하나가 예술art이 아닐까 싶다. 시대를 대표하는 세계적 아티스트들의 예술가적 정신, 순수예술 작품, 그리고 손으로 만드는 수공예품까지 예술은 거리 곳곳, 사람마다 넘쳐흐른다. 그런데 프랑스 사람들은 이러한 것들에만 '예술'이라는 단어를 쓰는 것은 아니다. 그들의 삶에도 적용된다.

'삶의 기술Art de vivre'이라는 말이 있다. 이 말을 삶의 기술 또는 삶의 예술 어느 것으로 해석해도 좋다. 'Art'를 '예술'로 여기든 '기술'로 여기든 별로 중요하지 않다는 말이다. 그 뿌리가 같기 때문이다. 어찌됐든 프랑스인들은 인생을 살아가는 방법을 '삶의 기술'이라는 단어로 정의한다. 기술이라는 표현이 낯설기는 하지만 일상을 만드는 하드웨어와 소프트웨어라 할까? 그들의 생활을 보면 이해가 가기도 한다.

어느 곳이나 그 지역만의 관습이 있기 마련인데 프랑스인들의 생활 형태에는 독특한 면이 있다. '자유의 나라'라는 이미지와는 달리 아침 식탁에서부터 저녁 잠자리에 들 때까지 대부분 프랑스인의 생활이 잘 짜인 건축물의 설계도와 같다. 그들의 정신은 자유로울지 모르나, 그들의 의식주는 틀에 짜인 일종의 의식처럼 보수적이라는 말이다. 사석에서의 프랑스인들은 대부분 유쾌하고 낙천적이다. 그런데 일을 함께 해보면 침착한 사람이나 덤벙대는 사람이나 일관된 면이 있다. 일상생활이나 일을 해나가는 데 있어 놀라울 정도로 체계적이라는 것이다. 어떨 때는 쪼잔함에 가까울 정도로 세밀하고 체계적이라 짜증이 날 때도 있다. 아무튼 프랑스인들에게는 그들을 특징짓는, 시스템 집약적인 무언가가 있다.

이는 반복되는 일상에서도 마찬가지다. 전업주부의 경우 대부분 아침에 일찍 일어나는데, 그들은 보통 잠옷 위에 걸치는 긴 로브 robe de chambre를 입고 진한 커피를 내리는 것으로 하루를 시작한다. 커피를 내리고 달걀을 삶으면서 간단한 샤워와 화장을 마친다. 그리고 입고 있던 로브는 벗어놓고 완전한 외출 복장에 구두까지 신고 주방에서 식구들을 맞이한다. 아침 식탁도 대충 차리는 법이 없다. 접시와 포크, 나이프, 냅킨에 아주 커다란 국그릇만 한 커피잔까지 마치 고급 호텔의 테이블 세팅에 뒤지지 않는다. 여기에 갓 구운 바게트와 크루아상, 잼, 과일 주스를 올려놓는다. 더 놀라운 것은 가정의 모든 구성원이 어쩜 그렇게 완전한 복장을 갖추고 식탁에 둘러앉는지! 유치원에 가는 꼬마부터 할머니까지, 가난하든 부자든 같았다. 누구 하나 부스스한 머리에 눈을 비비며 나오거나 헐렁한 '추리닝'을 입고 아침 식탁에 앉는 사람은 없다.

아침 식탁에서의 차림새는 하루를 보낼 때도 변함없다. 집에서 빈둥댄다고 늘어진 티셔츠나 무릎 나온 반바지 차림으로 어슬렁거리는 법이 없다. 저녁 파티는 말할 것도 없지만 누군가가 방문해서 30분 정도 간단하게 차를 마실 때도 온 식구가 우아하게 정장에 스카프를 두르고 향수까지 뿌리고 등장한다. 시간이 지나면 이것이 그날 하루를 위해 연출된 것이 아니라 '세 살 버릇 여든까지 간다'고 할머니의 할머니, 그 할머니의 어머니 시절부터 몸에 밴 습관이라는 것을 알게 된다. 오래도록 그렇게 살아왔다는 것, 이것이 바로 전통 아니겠는가.

물론 어느 사회건 경박한 사람도 있고, 전통을 무시하는 부류도 존재한다. 하지만 내가 본 프랑스인들은 사회계층을 막론하고 하루하루의 일상을 좀 더 격식 있게 치르고 있었다. 다시 말해, 밥 먹는 일부터 손님 초대, 외출, 하다못해 집안 청소까지 일상의 소소한 일들을 하나의 '예식'처럼 행한다는 말이다. 우리가 별로 중요하게 여기지 않으며, 때로는 '귀차니즘'으로 무시했던 것들을 그들은 아주 우아하고 천천히 해낸다.

그들의 일과는 마치 고급스러운 일정표에 적혀 있는 대로 움직이는 우아한 귀족 같다는 생각도 든다. 설거지가 귀찮아 프라이팬에 볶은 밥을 그대로 떠먹는다든지, 늦었다고 아침에 출근하는 차 안에서 샌드위치를 우물거린다든지 하는 일은 프랑스인들에게 생각할 수도 없는 일이다. 가끔 출근길에 지하철에서 화장을 끝내는 여성들도 있다는데, 프랑스 여성들에게 이는 이해할 수 없는 행동일 것이다. 프랑스에는 대부분 화장대가 안방이 아닌 화장실 옆에 딸려 있다. 화장을 뜻하는 프랑스어가 화장실 toilette과 같은 단어일 정도로, 프랑스 여자들에게 화장을 한다는 것은 철처하게 자신의 사적인 영역에서 이루어지는 일이다.

결과를 중요시하고 물질적이지만 동시에 눈에 보이는 도덕적 프레임에 집착하는 미국 문화에 비해 프랑스 문화는 결과보다는 과정을 중요시하고, 물질을 싫어하는 사람이야 없겠지만 정신적 가치를 더 높이 산다. 또 눈에 보이는 행동에서 드러나는

일상을 예술로
만드는 사람들

도덕성을 따지기 이전에 사적인 영역을 중시한다. 그래서 대통령이 간통을 했다 하더라도, 간통했다는 사실보다는 그가 대통령으로서의 임무에 탁월한지를 먼저 따진다. 간통은 사적인 영역에 해당하기 때문에 이 사실을 무턱대고 비난할 수는 없다고 생각하는 것이다.

유학 시절 석 달간 프랑스 중부의 앙제Angers에서 하숙한 적이 있었다. 넓은 정원이 딸린 3층짜리 큰 집이었는데, 마담 브리앙이라는 할머니 혼자 살고 계셨다. 자식들은 모두 파리나 다른 지역으로 흩어지고 할아버지는 몇 년 전에 돌아가셨다고 했다. 1층에는 거실과 식당과 부엌이, 2층에는 할머니가 쓰시는 방이 있었고, 3층에 있는 여러 방은 하숙생을 위한 것이었다. 이 중 내가 살고 있는 옆방에는 포르투갈 여학생이 살았다.

기품이 넘치는 브리앙 할머니는 70대 중반을 넘긴 나이였는데, 놀라운 것이 집에서도 언제나 단정하게 머리를 올리고 화사한 화장을 하고 하늘거리는 원피스를 입으셨으며 귀에 반짝반짝 귀걸이를 하고 계셨다. 거기에 구두를 신고 진주 목걸이까지. 바글바글한 파마머리에 편안한 복장으로 외출하는 한국 할머니들과는 너무 달랐다. 할머니는 말할 것도 없고 우리네 어머니들은 중년만 돼도 여성성을 버리고 '아줌마'가 되는 모습에 너무 익숙해 있지 않은가.

프랑스인들은 인생을 살아가는
방법을 '삶의 기술'이라는 단어로 정의한다.

그들의 생활은 틀에 짜인
일종의 의식처럼 보수적이다.

'저 연세까지 고칠 수 없는 공주병인가' 하는 의아한 마음이 내 호기심을 발동시켰다. 그러고는 브리앙 할머니를 연구하기 시작했다. 어느 날은 소파에 길게 누워 주무시고 계시는 모습을 목격할 기회가 있었다. 흐트러진 모습을 기대했는데 웬걸, 이때도 고운 원피스에 구두까지 신고 누워 계시는 것이 아닌가? 도대체 왜 이러시는 걸까? 그러나 나는 이것이 비단 브리앙 할머니의 공주병이 아니라는 것을 알게 되는 데 얼마 걸리지 않았다. 일상이 그러했다. 이들은 집에서 입는 옷과 외출복을 구분하지 않는다. 집에서는 '추리닝'에 부스스한 머리로 있다가, 외출할 때는 미장원이다, 명품이다 부산 떨지 않는 것이다.

마담 브리앙 댁의 식탁에서 밥을 먹고, 그들의 파티에 초대받으며 경험한 일상은 내가 프랑스와 진정으로 만날 수 있었던 귀중한 시간이었다. 앙제를 떠난 지 몇 년 후 노르망디 지방에서 석사과정을 하고 있을 때 브리앙 댁에서 소식이 왔다. 마담 브리앙의 아들과 며느리가 보낸 엽서였다. 할머니께서 세상을 떠나셨다는 소식이었다. 그분을 기억하는 모든 이들에게 정성스레 발송했으리라. 이때 느낀 것이 '삶의 격조'란 이런 것이구나 하는 것이었다. 우리처럼 경조사가 일종의 사회적 인사치레나 부조금의 전달 등으로 그 진정한 의미가 잊히는 것과 달리, 작은 엽서 한 장이었지만 진심을 담은 글로 그녀를 알았던 사람들과 함께 그녀를 추억한 것이다.

마담 브리앙의 집에서도 그랬지만, 다른 친구들의 집을 방문하며 느낀 것은 계층에 상관없이 생활이 검소하고 일상이 가지런하다는 것이었다. 게다가 놀라운 것은 보호해야 할 가치가 있고 역사를 느낄 수 있는 것이라면 웬만한 불편함은 그냥 감수하며 산다는 것이었다.

파리를 비롯해 모든 프랑스의 도시들은 오래된 건물을 아무렇게나 부수거나 새로 지을 수 없다. 색을 칠하거나 간판을 다는 것도 옆 건물이나 주변의 경관과 배치를 고려하고 설계해 미리 구청의 허가를 받아야 한다. 그러다 보니 건물 대부분에는 엘리베이터나 주차장이 없다. 설령 엘리베이터가 있어도 낡은 건물의 한 귀퉁이를 조심스레 개조해 만들었기 때문에 두 사람이 간신히 들어갈 정도로 아주 작다. 그래도 프랑스 사람들은 4~5층 건물이면 아무 불평 없이 계단을 오르내리며 산다.

물론 아주 오래된 건물이라도 16구의 고급 아파트는 집까지 이어진 개인 엘리베이터와 식구 수만큼의 주차공간이 확보된 곳도 있다. 하지만 이들의 일상도 비슷하다. 웬만한 곳은 차를 타지 않고 그냥 걷는다. 동네에 서는 장이나 작은 상점에서 식료품을 사고, 동네 빵가게에서 줄을 서서 바게트를 산다. 게다가 여기에는 이런 전통적이고 소소한 방식의 삶을 고수하려는 정부의 노력도 한 몫 한다. 동네 상점이나 재래시장을 보호하기 위해 시내 대형마트의 규모와 영업시간이 엄격히 제한되어 있기 때문이다.

역사나 전통을 존중하는 생활 방식은 오래된 물건에 대한 예우로 이어진다. 오래 사귄 친구가 내가 보낸 편지들과 내가 주었던 소소한 선물을 모두 간직하고 있는 것에 놀라고 감동한 적이 한두 번이 아니다. 또 이들은 할머니나 할아버지로부터 물려 내려온 고풍스러운 가구나 여행을 하며 수집한 다양한 가구들을 조합해 집 안을 치장하는 것을 좋아한다. 그러면서 돌아가신 분이나 여행지를 추억한다. 굳이 형식적인 제사를 치르지 않더라도 매일 옛사람들의 추억 속에 사는 것이다.

친구 카트린의 아버지는 칼을 수집하는데, 동양에 갈 때마다 장검을 사와 집의 한쪽 벽면을 가득 채우고 있었다. 그 안에는 중국이나 일본의 것도 있지만, 당연히 한국의 칼도 있었다. 그런데 정작 한국인인 나는 그것이 조선도朝鮮刀라는 것을 몰라 참 창피했다. 우리가 여행지에서 혹은 일상에서 주로 새로 나온 옷이나 가방, 화장품 등의 소비품을 사는 것과는 대조적이다.

프랑스 친구들을 만나면 느끼는 것은 그들이 과거를 추억하며 산다는 것이다. 이는 과거에 매달려 사는 것과는 다르다. 하루하루의 의식이 소중한 만큼 그것이 쌓여 이루어진 과거도 소중히 여긴다는 의미다. 그렇다고 이들이 매 순간 삶에 철학적인 의미를 부여하거나, 경건한 삶을 산다는 것은 아니다. 조상 대대로 살아온 생활 방식을 버리지 않고 고수하지만, 동시에 새로운 것은 이에 접목하며 산다.

아마도 이러한 전통에 대한 존중은 프랑스라는 나라의 물리적인 구조 자체가 주는 문화적 분위기에서 올 수도 있다. 우리는 역사적인 건물이나 오래된 집 등을 별로 보지 못하고 자란다. 경복궁이나 남대문(그나마 불타 없어지고 문제 많은 모조품이지만)도 우리의 생활과는 동떨어진 상징일 뿐이다.

하지만 프랑스 아이들은 태어나면서부터 수백 년 된 건물 속에서 산다. 오래된 수도원을 개조해서 만든 학교에서 공부하고, 천 년이나 된 중세의 성당에서 세례를 받으며, 과거의 왕이나 영주들이 살았던 성의 뜰에서 스케이트보드를 탄다. 그리고 지역 사회의 유산 하나하나가 위대한 프랑스를 만들어왔던 아버지의 아버지, 그 아버지의 할아버지로부터 이어온 것이라는 것을 배운다. 자신들이 사는 현재가 과거로부터 흘러와 차곡차곡 축적된 시간과 공간이라는 역사적인 개념이 몸에 배는 것이다. 그래서 프랑스인은 무엇 하나도 지금 방금 만들어지는 것이 아니라 세대와 세대를 거쳐 전달되는 것이라는 의식을 가지고 있는 듯하다. 과거는 단절하거나 청산하는 것이 아니라, 현재를 만들어

파리지앵은 과거를 추억하며 산다.

이는 하루하루의 의식이 소중한 만큼
그것이 쌓여 이루어진 과거도
소중히 여긴다는 의미다.

주고 미래로 이어진다는 영속성에 대한 개념을 갖는 것이다.

또한 과거를 존중한다는 것은 현대의 물질적이고 편리한 삶만이 가치가 있는 것이 아니라는 인생관을 갖게 한다. 그러다 보니 무엇 하나를 해도 서두르지 않는다. 길 하나를 만들어도, 집 한 채를 지어도 한 대에서 끝내려는 생각이 아예 없다. 20년이 지나 그곳에 가더라도 별로 변한 것이 없고, 작지만 언제나 있던 자리에서 대를 이어 레스토랑이 운영되고 있는 것도 놀라운 일이 아니다. 누군가 오래도록 지속하며 했던 일에는 반드시 어떤 가치가 있다는 생각을 갖는 순간 삶은 시간의 깊이를 갖는다. 그래서 프랑스인들이 삶 자체를 예술이나 손맛 나는 기술로 본다는 것을 이제는 나도 공감할 수 있다.

현대인에게 손맛이란 일종의 향수와 같은 추억을 불러일으키지만, 사실은 약간 불편하고 느린 삶을 이야기하는지도 모른다. 실제로 음식도 마찬가지다. 시골의 종갓집 할머니가 끓여주신 된장찌개가 맛있으리라 기대하고 먹는다면 현대인들은 실망할 것이다. 아무런 가미가 되지 않은 시골 된장은 퀴퀴하거나 심심하다. 우리는 알게 모르게 인공의 맛에 중독되어 있다. 동네 자장면에 익숙해진 입맛은 옛 방식 그대로 만들었다는 수타 짜장면을 심심하게 느끼니 말이다.

이렇듯 전통이란 때로는 불편한 것이고 불편함을 감수해야 하는 것이다. 하지만 모든 것이 기계화되고 편리하기만 한 공간에서 인간의 몸은 그다지 '스마트하지' 않다. 인간의 근육과 뼈는 적당히 움직이고 불편한 곳을 다녀야 건강을 유지하게끔 만들어진 자연계 일부이기 때문이다. 그러다 보니 '스마트함'을 유지하기 위해 또다시 돈을 주고 헬스장을 찾아 기계의 힘을 빌려 땀 흘리다니 아이러니하지 않은가.

내 껍질에
편안히 들어가 있다

Bien dans Sa Peau
몸을 받아들임

프랑스에서는 처음 만난 친구가 아닌 다음에는 조금 친해지면 으레 하는 인사가 '비즈bise'다. 비즈란 뺨을 마주 대는 인사를 말하는데, 그렇다고 뺨에 입술을 대는 뽀뽀와는 다르다. 단순히 서로 뺨을 마주 대는 것뿐이다. 보통 이성 또는 여성들 사이에 이렇게 인사를 하고, 남자들은 아주 친하거나 형제가 아닌 이상은 악수 정도다. 비즈는 지역에 따라 횟수가 다른데, 파리에서는 보통 양 볼에 한 번씩 하고, 내가 살던 노르망디에서는 양 볼에 두 번씩, 그러니까 한 사람에게 네 번을 한다. 말이 네 번이지 친구 열 명이 모이면 만나고 헤어질 때 비즈만 마흔 번

한다는 말이니 여간 분주하지 않다.

비즈는 어색함이 깨졌다는 신호탄과 같다. 프랑스에서는 남녀노소를 불문하고 악수와 다름없는 극히 자연스러운 일상이지만, 동양인의 정서로는 얼마 친하지 않은 남녀가 뺨을 대면 이상하지 않느냐고 갸우뚱할지도 모르겠다. 그래서인지 이상하게도 같은 그룹에서 시간을 보낸 프랑스 친구들과는 빠짐없이 비즈를 하면서도 한국인 남자 친구들과는 비즈를 한 적이 없다. 유교 사회에서 자란 우리끼리는 어색하고 수줍기 때문이다. 비즈가 수줍음이나 내밀한 욕망과 결합하면 갑자기 분위기가 묘해진다.

이성 간에 뺨을 맞대는 비즈를 보면 프랑스인들의 몸에 관한 태도를 알 수 있다. 그들은 어려서부터 학교나 가정에서의 교육을 통해 남녀를 평등하게 보고, 서로 다른 신체적 특징에 대한 이해도가 높다. 이로 인해 이성의 몸에 금기를 두지 않다 보니 다른 성을 자연스럽게 여기는 것 같다. 그래서인지 상대방과의 완전한 교감이나 합의가 아니면 이성 간에도 친구라는 거리가 깨지지 않는다. 그냥 알고 지내는 동기생 정도의 친구와 아무 일 없이 함께 여행도 다닐 수 있는 것이다.

유학 시절 놀랐던 것 중에 하나가 유스호스텔이었다. 여행하다 멋모르고 여러 명이 쓰는 방에서 묵은 적이 있었다. 그곳은 남녀 공용인 것은 말할 것도 없고, 우리는 여자끼리도 초면에 자기 몸을 함부로 내보이길 꺼리는데, 유럽 여학생들은 거리낌 없이 팬티 바람으로 복도를 돌아다녔다. 더 놀라운 것은 남자애들도 이를 아무렇지 않게, 마치 투명인간 보듯이 지나간다는 것이었다. 심지어 북유럽이나 독일 여학생들은 친구와 팬티 바람으로 복도에 서서 이야기를 나누기도 했다. 사실 따지고 보면 생긴 것은 비키니와 팬티가 똑같은데, 다르게 보일 이유가 없었다. 모노키니라 불리는 팬티에 티셔츠만 입는 것은 일상복이었다. 분위기가 이렇다 보니 오히려 담요나 수건으로 가리고 감추고 하는 내가 더 음흉해 보였다. 수치심이란 내면의 은밀한 욕망이 표출된 것이 아닌가 하는 생각이 들 정도였다.

  이들의 몸에 대한 자연스러움은 일광욕을 할 때 극명하게 드러난다. 그들은 그냥 훌러덩 벗고 대로변의 잔디밭에 누워 햇볕을 즐기며 애인과의 농도 짙은 애무도 서슴지 않는다. 해변에서는 모노키니를 아주 자연스럽게 받아들인다. 요즘 한국에서 스키니나 초미니스커트에 무감각해지듯이 말이다. 모래사장을 가득 채운 여성 반 이상이 가슴을 드러내고 일광욕을 즐기니 같은 여자인데도 눈을 어디다 두어야 할지 난감하다. 나이 든 사람뿐 아니라 젊은 여성들도 가슴에 마음껏 햇볕을 쬐는 모습이 부러울 정도였다. 하지만 아무도 힐긋거리며 훔쳐보거나 몰래카

메라를 들이대지 않는다. 밝은 햇빛에 모두가 드러나니 흥미가 없어지기 때문인 것 같다. 이곳에서 볼 수도, 안 볼 수도 없어 안절부절못하는 것은 몸에 대해 억눌린 교육을 받은 동양인들이다. 이상하게 여기는 사람이 더 이상할 뿐이다.

그래서인지 프랑스 영화에서 아주 유명한 여배우가 가슴을 노출하거나 알몸으로 연기하는 것도 전혀 문제시되지 않는다. 그냥 연기일 뿐이다. 우리나라 인터넷상에서 떠드는 것처럼 바람에 스커트가 날려 엉덩이가 노출되었다느니, 드레스가 흘러내려 가슴이 보였다느니 등의 이야기들은 화제조차 되지 않는다. 이들은 자연스레 섞여 살다 보니 이성이라는 의미보다는 인간이라는 의미가 먼저 부각되는 것 같다. 학교 때 프랑스 여학생과 길을 가다가 골목에서 '바바리맨'을 만난 적이 있었다. 20대 초반이던 나는 당연히 깜짝 놀라 소리 지르고 얼굴을 가리고 난리 법석을 떨었다. 그런데 놀라웠던 것은 프랑스 친구의 반응이었다. 그냥 흘깃 한번 봐주고, 얼굴을 보더니 "안녕" 하며 그냥 지나치는 것이 아닌가? 이게 뭔 시추에이션인지? 썰렁한 반응에 흥이 빠진 '바바리맨'이 바바리를 닫았을 정도였다.

이런 썰렁함은 욕에서도 찾을 수 있다. 프랑스어를 하다 보면 우리네에 비해 욕의 종류가 다양하지 않아 의아함을 느낀다. 특히나 몸을 비하하는 질펀한 욕지거리가 별로 없다. 곰곰이 생각

일상을 예술로
만드는 사람들

파리지앵은 어려서부터 남녀를 평등하게 보고,
서로 다른 신체적 특징에 대한 이해도가 높다.

상대방과의 완전한 교감이나
합의가 아니면 이성 간에
친구라는 거리가 깨지지 않는다.

해보니, 아마도 몸에 대해 가리고 숨기는 수치심이 없어 성적인 욕도 없다는 결론이 나왔다. 우리는 성이 죄악시되고 음침한 구석이 있어, 욕 대부분이 성적인 것과 관련되어 있다. 그래서 그 대상이 조상이나 부모를 향하면 더욱 격렬해지고 칼부림 날 정도로 모욕적이 된다. 하지만 프랑스인들에게 있어 성이란 자연스러운 것이다 보니 굳이 그걸 들먹이며 욕을 할 필요성을 못 느끼는 것 같다. 성에 어두운 이면이 있는 것이 아니고 겉으로 모두 드러나 있으니 욕이 안 되는 것이다.

이들에게 가장 나쁜 욕이라고 해보았자 살로salaud, 더러운 놈 나 살로프Salope, 더러운 년, 퓌텡putain, 창부 정도다. 남자에게는 페데pédé라고 하면 엄청나게 화를 낸다. 동성애자를 비하하는 말이기 때문이다. 욕은 본디 모욕적이다. 아무리 다양한 개인의 자유를 인정하는 프랑스이지만 그 정체성을 무시하는 것은 아주 모욕적인 것이다.

프랑스에서 살던 초기에는 다양한 욕의 부재에 욕구불만 상태가 되었더랬다. 내가 욕쟁이는 아니지만, 정말 기분 나쁘게 하는 사람이 있다든가 하면 뒤돌아서라도 살짝 경음을 써줘야 속이 좀 후련해지는데, 아무리 찾아도 시원한 욕이 없었다. 슈퍼마켓에서 뚱뚱한 흑인 여자가 내가 프랑스어가 좀 서툴다고 눈을 부라리며 큰 소리로 "신독Chine dog, 중국인을 비하하는 말로 '중국

개'라는 의미"이라 했을 때 나는 그 사람이 알아듣든 말든 'ㅆ' 자의 시원한 욕으로 답하고 싶었다. 하지만 내 화를 제대로 표현할 수 있는 욕이 없어 눈물을 머금고 돈 내고 조용히 나올 수밖에 없었다. 우리말로 '개자식' 정도에 해당하는 '살로'란 단어는 그 어감이 너무 부드러워 성에 차지도 않았던 것이다.

   프랑스에서는 몸에 대해 '너무' 자유로운 대신, 신체에 대한 '금기'에 대해서는 우리보다 훨씬 더 엄격하고 부자연스럽다. 잘 모르는 사람이 자신의 아이 만지는 것을 싫어하고, 아무리 어려도 길거리에서 성기를 드러내고 소변을 보게 하는 일은 있을 수 없다. 우리에겐 언뜻 사소해 보이는 행동으로도 어린아이가 성적 대상이 될 수도 있다는 것을 의식하는 것이다. 또한 한국은 동성 간의 신체 접촉, 다시 말해 동성의 친구나 자매가 한 침대에서 자는 것에 아무도 이상하게 여기지 않는다. 남성끼리 어깨동무를 하거나 여성끼리 팔짱을 끼는 일도 일상적이다. 하지만 프랑스뿐 아니라 일반적으로 유럽인들은 이런 상황을 아주 이상하게 여긴다. 동성 간에 손을 잡는 것은 자녀가 어릴 때뿐이다. 팔짱도 노인을 부축한다든가, 누군가를 진정으로 위로하는 상황 외에는 거의 없다.

   사회적으로 우리나라에서는 비교적 관대한 19금의 성적인 농담은 분위기를 싸하게 만든다. 하지만 이와는 반대로 성을 하나의 주제로 놓고 갑론을박하는 토론은 타의 추종을 불허한다. 의학심리학의 한 영역으로 섹솔로지Sexologie라는 학문이 발전되어 있을 정도니 말이다. 여기에 우리는 의식조차 하지 못하는 성의 사각지대까지 들추어내 진지한 성찰의 주제가 되기도 한다.

몸에 대한 자연스러움을 강조하는 사회다 보니 반작용도 있다. 자신의 육체나 성을 자연스럽게 받아들이지 못하면 우리나라보다도 더 스트레스를 받으며 살 수밖에 없다는 것이다. 동양처럼 유교적인 도덕성을 강조하면 몸과 조금 화합하지 못하더라도 다른 가치로 포장할 수 있지만, 프랑스 사회는 자신의 몸과 화합하지 못하면 더욱 불안해한다. 요는 한국이건 프랑스이건 자기 자신에 대한 확신인 것 같다. 인간이란 자기 육체와 떨어져서는 존재할 수 없기 때문이다.

얼마 전 TV에서 이지선 씨를 보고 다시 한 번 큰 충격을 받았다. 이번이 그녀를 처음 본 것은 아니다. 그녀가 캐나다에서 유학하던 시절의 이야기를 다룬 〈인간극장〉을 보고, 한 번도 잊은 적이 없었다. 그녀는 가장 아름답던 여대생 시절에 자동차 사고로 온몸에 화상을 입은 후 생사를 헤매다 기적적으로 살아난 여성이었다. 몸의 외관이 모두 변하고 잃은 부분도 있지만, 그녀와 가족은 좌절하지 않았다. 변한 그 자체의 몸을 사랑하기 시작했던 것이다. 나는 그녀의 눈망울이 잊히지 않았다. 그런 그녀를 얼마 전 TV에서 또 보았다. 그 프로그램에 관심이 없던 내가 우연히 채널을 돌리다 그녀를 보다니 이것도 인연인가 싶었다. 그냥 있는 그대로도 충분히 아름답다는 말밖에는 할 말이 없었다. 타인에 의해 정해진 아름다움이 아닌 외관을 뛰어넘는 영적인 아름다움의 후광이 그녀를 감싸고 있었기 때문이다. 그녀는 그렇게 자신의 외적인 모습과 화합하고 있었다.

프랑스어에 '비앙 당사포 bien dans sa peau'라는 말이 있다. 우리말로 하면 '자기 껍질 속에 잘 맞아 들어가 있다'라는 의미인데, 이 표현을 보면 프랑스어가 왜 세계에서 가장 정확하고, 오랜 세월 외교 언어로 각광을 받았는지 알 것 같다. 간단히 말해 '편안한 인상'을 뜻하는 이 말은 자기 자신의 자부심이나 열등감을 모두 소화해, 지금 이 현실에서의 내 모습으로 편안하게 사는 자신을 표현한다는 의미로, 우회적이면서도 아주 우아하게 본질을 꼭 집어 이야기한다. 사람은 자신의 모습에 편안하지 않으면 트라우마가 생기고 부자연스러워진다. 아주 아름답고 세련된 사람이라도 어딘가 불안해 보이는 사람이 있고, 작고 뚱뚱하고 못생겨도 마냥 편안하고 열린 정신을 가진 사람도 있다. 자신의 외형을 있는 그대로 받아들인 사람이 그러하다.

내가 본 많은 프랑스 여성들이 '비앙 당사포'라는 표현을 대변해준다. 크게 애쓰지 않고도 그녀들은 자신감에 넘쳐 밝은 햇빛

'비앙 당사포' 라는 말은,
'자기 껍질 속에 잘 맞아 들어가 있다'라는 의미이다.

자기 자신의 자부심이나 열등감이 모든 것을 소화해,
지금 이 현실에서의 내 모습에 편안하게 살며
자신을 표현한다는 의미이다.

아래 몸을 드러낸다. 프랑스 여성이라고 해서 모두 8등신의 '쭉쭉빵빵'은 아니다. 어디나 마찬가지로 그렇지 못한 사람이 훨씬 많다. 하지만 자신 나름의 스타일을 고수하며 살아간다. 프랑스인이라고 모두가 자기에 만족하고 행복한 것은 아니지만, 뚱뚱하건 키가 작건 다른 사람의 외모를 존중해주는 분위기를 말하는 것이다. 매스컴에서 만들어내는 잣대를 의식하지 않고 자신의 모습에 만족하며 적극적으로 살 수 있는 사회, 누구나 삶의 질을 높일 수 있다고 믿는 건전한 사회의 모습이 참 부럽다.

또한 프랑스 여성들은 나이가 들어간다는 사실을 자연스럽게 받아들이는 것 같다. 동양인보다 빨리 늙는데도 기를 써가며 새치 염색하는 사람도 없고, 보톡스다 뭐다 얼굴을 빵빵하게 하는 수술도 먼 나라 이야기다. 외적인 겉모습으로 사람의 모든 생활 습관이나 기호까지 구분 짓는 문화가 아니어서인지도 모르겠다.

나이란 숫자에 불과할 뿐 아무리 나이가 들어도 자기가 좋아하는 것을 계속 할 수 있다면 굳이 젊어 보이기 위해 모든 것을 걸 필요가 없다. 친구를 사귈 때 또한 나이보다는 서로 기호나 대화가 통하는가가 더 중요하다 보니 더욱 그렇다. 예를 들어 나이가 60이라도 클럽에서 맥주와 춤을 즐길 수 있고, 스무 살이라도 흘러간 샹송만 나오는 바를 찾을 수 있다. 프랑스에서는 무엇을 하든 '나잇값을 못 한다', 또는 '그 나이에 어떻게……'라며 끌끌 혀를 차는 사람은 없다. 옷도 마찬가지다. 나이가 스타일을 가로막는 것이 아니라 입어서 어울리고 편안하게 소화하면 그만이다. 60대의 여성이 짧은 미니스커트에 가죽 재킷을 입고 나타났더라도 어울리기만 하면 모두 칭찬해준다. 개인의 기호일 뿐, 치마의 길이가 나이에 따라 정해진 것이 아니지 않은가. 가슴이 반쯤 파인 옷을 입거나 등을 다 드러내놓고 당당하게 걷는 파리지앵을 보며 부럽다는 생각이 들지 않을 수 없다. 이처럼 타인의 스타일을 완벽하게 존중하니 자신을 포기할 수 없고, 세련되게 가꾸는 데 주력하지 않을 수 없다.

프랑스의 철학자 알랭의 글이 생각난다.

만일 매사에 대해 불평을 하는 친구가 있다면, 당신은 분명 그를 위로하며 세상을 다른 관점에서 보라고 충고할 것이다. 그런데 왜 당신 자신에게는 그런 소중한 친구가 될 수 없는가? 그렇다. 나는 진지하게 조금은 자신을 사랑하고 사이좋게 지낼 필요가 있다고 말하고자 한다. 중요한 것은 자기를 비난하는 것이 아니라, 변호하는 것이다.

일상을 예술로
만드는 사람들

닿을 수 없기에
더욱 섹시한

◇◇◇◇
Trouver la Bonne Distance
존재 사이의 미학적 거리

프랑스인들은 '세라비C'est la vie'라는 말을 참 잘 쓴다. 우리말로 하면 '인생이 그런 거지'라는 말이랑 비슷한데, 시원한 해석은 아니다. 한국말로 '인생이 그런 거지'라고 하면 무언가 체념한 듯, 좀 냉소적인 느낌이 든다. 얼마 전 유행했던 '인생 뭐 있냐?'라는 뜻으로도 들린다.

하지만 프랑스인들이 쓰는 '세라비'는 좀 더 다양하고 서로 다른 상황에 쓸 수 있다. 전천후라는 말이다. 체념이나 회한, 슬플 때뿐 아니라 즐겁고 기대되는 상황에서도 쓸 수 있다. 친구들과의 대화중에도 '세라비'는 자주 등장한다. 뭔가 일이 잘 안 풀려도 '세라비', 즐거운 일이 있어 공부 안 하고 놀아야 할 때도 '세라비', 여기 저기에서 참 두루두루 쓸 수 있는 말이라 자주 애용한다.

그런데 '세라비'의 진수는 이별할 때다. 수년간 친하게 지내던 프랑스 친구들에게 어느 날 "내가 이곳을 떠나고 한국으로 돌아가야 해"라고 울먹이며 말했다. 친구들은 무척 섭섭하게 여기며 이별 파티를 했다. 그런데 그것은 한국의 친구들과 다른, 뭔가 건조하면서도 담백한 것이라고 할까? 서로 붙들고 울고, 언제 다시 만날 수 있을지를 기약하는 등등 손을 놓지 못하고 아쉬워하는 우리네 이별과는 달리, 그네들은 물론 섭섭함을 표시하기는 하지만 아주 건조한 어투로 어깨를 들썩 올리며 "세라비"라고 하는 게 아닌가? 이별해도 '세라비', 누가 죽어도 '세라비'다. 그래서 나는 프랑스인들이 동양의 불교에서처럼 세상을 통달해서 그런가 생각도 해보았다. 그건 아닌 듯싶었다. '세라비'에 큰 철학이 들어 있지는 않다. 불교적인 큰 뜻이 있다기보다 오히려 이들의 '세라비'는 인간 사이의 건조하고도 일정한 거리가 원래부터 있음을 보여주는 듯하다.

이는 가옥 구조에서도 확연히 나타나는데, 프랑스인들의 가옥 구조를 보면 얼마나 사적인 생활을 극명하게 분리하며 사는지를 알 수 있다. 현대적인 한국의 주택은 대문을 열면 정원이 보이고, 집의 전경을 보며 현관을 향해 간다. 아파트 역시 현관을 열면 거실 전경이 보이고, 주방처럼 툭 터져 있는 공간이 많다. 다시 말해, 일단 문을 여는 순간 담장이나 현관 너머로 보이는 집이나 거실의 규모로 그 집의 가세를 대충 짐작할 수 있다.

그런데 대부분의 프랑스 가옥은 이와 정반대다. 집이 길가에 등을 지고 앉아 있어 크기가 얼마나 되는지, 정원이 있는지 없는지조차 알 수 없다. 현관을 열고 들어가면 복도나 외투 거는 공간이 나와 좁고 답답하다. 그 집의 가세를 전혀 가늠할 길 없다. 응접실을 가려면 복도를 지나 문을 열고 들어간다. 웬만한 가정의 응접실은 놀랍게도 잘 정돈되어 있는데, 진정한 응접의 공간이기 때문이다. 응접실은 오로지 손님을 맞이하거나 가족끼리 소통하는 공간인 것이다. 식당은 응접실과 분리된 또 하나의 공간이다. 여기에 부엌은 또 다른 공간에 있다. 식당과 연결되기도 혹은 조금 떨어져 있는 경우도 있다. 만드는 공간과 먹는 공간이 분리된 것이다. 화장실이나 다용도실을 지나 복도 끝을 건너가야 비로소 베란다가 나오고 그 집의 정원을 볼 수 있다.

프랑스인들의 정원은 그야말로 '시크릿 가든'이다. 그곳에서 수영복을 입고 일광욕을 한들 아무도 볼 수 없다. 설사 이웃집에서 내려다본다 해도 각자의 시크릿 가든이니 상대방에 무관심하다. 프랑스인들의 공간 개념은 굉장히 독립적이다. 이런 의식이 생활에도 적용된다. 아파트도 다르지 않다. 국가에서 보조해주는 서민 아파트는 좀 다르지만(프랑스인들은 이런 현대적인 아파트를 극도로 싫어해서 "추하다 moche"라고 표현할 정도다), 파리의 고급 아파트는 굳게 잠긴 육중한 문을 열고 들어가면 터널 같은 복도가 나오고, 관리인의 집을 지나야 비로소 공용 안뜰이 나온다. 이 안뜰은 밖에서는 전혀 보이지 않도록 사방이 건물로 둘러싸여 있다. 이 안뜰을 가로지르면 비로소 아파트로 들어가는 문을 통과할 수 있고, 계단을 올라가야 자기 집의 문이 나온다. 이 문을 열고 들어가도 프랑스 사람들의 집은 문의 연속이다. 자신을 쉽게 열지 않는 것이다.

그래서 곰곰이 생각해보니 프랑스인들이 사람을 알아가는 방식도 우리와 전혀 다르다는 것을 알게 되었다. 그중에서도 압권은 프랑스에서 만난 친구 중 아직도 서로 연락하며 함께 늙어가는 친구들도 많은데, 20년이 되어가도 아직 나이를 모르는 친구가 꽤 있다는 사실이다. 지금도 프랑스에 가면 언제나 기쁘게 맞아주는 오랜 친구 클레르 안은 대학 시절 기숙사에서 만났다. 바로 앞방에 있던 친구였는데, 샹파뉴에서 온 지 얼마 되지 않아 그 친구도 외로웠던지 내게 아주 적극적으로 다가왔다. 낯을 좀 가리는 나는 먼저 다가와주는 외향적인 친구를 편하게 느끼는 데, 그녀는 적극적인데다 쉽게 사람을 끌어들이는 매력이 있어, 이 친구 덕분에 많은 프랑스 친구들을 사귀게 되었다. 샹파뉴에 있는 자신의 본가에서부터 친구들 부모님의 집까지 어찌나 이리저리 나를 끌고 다니는지, 외로운 유학 생활을 잘 견딜 수 있었던 것은 이 친구의 공이 크다. 어쨌든 나는 많은 친구와 영화도 보고, 외식도 했으며, 주말이면 번갈아 자기네 집 파티에 초대하는 노르망디 출신의 친구들 덕에 즐거운 학창 시절을 보냈다.

그런데 프랑스인들과 서로 알아가는 데 있어 내가 이해할 수 없는 부분이 있었다. 아무도 내 나이를 묻지 않는 것이다. 나는 클레르 안이 몇 살인지가 엄청나게 궁금했는데, 도무지 나이를 모르겠는 것이다. 그냥 함께 석사 과정을 하고 있으니 비슷한 나이일 거라 짐작은 했지만, 프랑스는 학제가 우리와 다른데다 초등학교부터 월반과 유급이 있다 보니 정확한 나이를 알 수 없어 항상 궁금해 했다. 그런데 이런 현상은 파티 같은 데에서도 마찬가지였다. 서로 나이나 종교도 모르고, 무슨 학교를 나왔는지, 고향이 어딘지도 모르면서 몇 시간을 이야기하는 경우가 태반이었다.

오랜 시간이 지나 클레르 안과는 아주 많이 친해져서 한국 문화에 관해서도 많은 이야기를 나누게 되었을 즈음, 나는 그녀가 나보다 한 살 어리다는 것을 알았다. 그러고는 '언니'라는 개념을 가르치기 위해 무지 노력했다. 그들에게 '언니'는 피를 나눈 자매sister의 의미였기 때문이다. 더 재미있었던 건 몇 년간 친하게 지내고 있던 친구 로랑스가 몇 살인지 클레르 안에게 물어보자, 그녀는 어깨를 으쓱해 보이며 "글쎄, 잘 몰라. 한 서른 살쯤 되지 않았을까?"라는 것이 아닌가? '아, 너희들 친한 거 맞니?' 한국인인 나는 참 이상하다고 생각했다.

그러나 세월이 흐르며 이들의 독특한 인간관계의 규칙을 발견했다. 이들은 파티나 모임에서 상대방에 관한 사적인 질문은 절대 하지 않는다. 나이나 종교, 학벌 등을 몇 년이 지나도 서로 모르는 경우가 태반이다. 물론 시간이 아주 많이 흐르면 자연스레 알게 되는 것은 어느 곳이나 같다. 하지만 처음 인간과 인간이 만날 때 사적인 질문을 하지 않는다는 것은 사회적인 테두리로 그 사람을 판단하지 않겠다는 의미를 담고 있다. 그 순간, 그 장소에서의 대화를 즐길 뿐이다.

예를 들어 처음 만난 어떤 사람이 허름한 옷을 입고 있을 때, 그가 고등교육을 받지 못했고 빈농 출신이라고 말하면, 우리는 그를 초라하다고 판단한다. 그러나 그가 전문직에 좋은 학교를 나왔다고 말하면, 빈티지 스타일로 멋있게 입었다고 생각한다. 그 안의 인간은 아무런 의미도 없이 그냥 그 한마디의 언어로 규정되어 버리는 것이다. 물론 대화 속에서 그 사람의 지적 수준을 가늠할 수는 있겠지만, 설사 고등교육을 받지 못한 사람이라도 그동안 살아오며 터득한 삶의 철학이나 소중한 경험들이 있을 텐데, 그런 관계를 만들어가는 고리조차 최초의 호구조사에서 묵살당해 버리는 것이다.

한국에서의 인간관계란 우선 나이를 밝혀 서열을 가리고, 그다음 결혼 유무, 학벌, 직업 등의 호구조사를 통해 상대방이 어떤 사람인지 알아가는 것을 당연히 여긴다. 일단 이것을 알아야 그 사람에 대한 윤곽을 잡고, 다음 단계로 진전하기 때문이다. 이 단계에서 뭔가가 잘 맞지 않는다 생각하면 관계의 지속성이 떨어지게 된다. 즉, 인간관계를 한 번 거른다는 말이다. 그러나 프랑스인들은 인간관계를 유지해가는데 서로 끝까지 신비주의를 버리지 않는다. 자신들에 관해 너무 많은 정보를 공개하지 않는 것이다. 남의 집 숟가락 개수까지 다 헤아리는 우리식의 인간관계에 익숙한 사람들은 그러면 진짜 친해질 수 있느냐고 반문할 수도 있을 것이다. 도대체 무슨 이야기를 하냐고 궁금해 할지도 모르겠다.

답은 '모든 것'이다. 다시 말해 자신의 사생활을 제외한 모든 것에 관해 이야기할 수 있다. 과학적이고도 이성적인 사고를 하는 사회의 특성일 수도 있겠다. 그들에게는 가족에 대한 이야기보다도 할 이야기의 콘텐츠가 많다. 최근에 읽은 책이나 개봉한

처음 인간과 인간이 만날 때
사적인 질문을 하지 않는다는 것은
사회적인 테두리로
그 사람을 판단하지 않겠다는 의미를 담고 있다.

영화, 오페라 또는 인생에 관한 철학적인 이야기들이 대화의 주가 되다 보니 자신의 일상 신변에 관한 시시콜콜한 이야기는 할 시간도, 이유도 없다. 서로 통성명도 하지 않은 채 헤어지는 일도 있었다. 그렇다고 이들이 연예인처럼 신비주의 마케팅을 하는 것도 아니고, 자신을 무작정 포장한다는 말도 아니다. 친해지면서 자연스럽게 알게 되는 경우도 있고, 때로는 자신에 관해 먼저 소개하는 경우도 있다. 다만 대화의 모든 중심을 자신이나 가족관계로 채우지 않는다는 말이다.

게다가 아직도 적응 안 되는 것이 이들이 친구를 집에 들이는 태도다. 내가 프랑스에 가면 클레르 안은 이유 불문하고 자기 집에서 묵게 한다. 나는 사실 친정에 가서 하루 자는 것도 별로 좋아하지 않는 체질이라, 친구들이 많은 캉Caen에 가도 호텔에서 자곤 하는데, 이 친구는 그러면 절교라고 펄펄 뛴다. 그런데 재미있는 것은 나를 자기 집에 묵게 하고는 뭐 별다르게 해주는 것도 없다는 것이다.

도착한 날 저녁 친구들을 불러 환영 파티를 하고, 떠날 때쯤 이런 파티를 또 한 번 한다. 그것도 내가 이슈이기는 하지만, 이들이 주말이면 으레 모이는 파티에 주제만 내가 된 것뿐이다. 돈을 많이 써가며 호화롭게 무얼 준비하거나 어딜 데려가지도 않는다. 침대 시트를 깨끗하게 갈아놓은 손님방에 수건 몇 개

주며 "너의 집에서 하듯 똑같이 해" 하고는 끝이다. 그러고는 정말 다음날부터 내가 원래부터 함께 산 식구처럼 대한다. 아침을 함께 먹고, 언제 내가 왔느냐는 듯 자신의 일상을 열심히 수행한다. 아이를 학교에 보내고, 출근하고, 퇴근해서도 내가 집에 있으면 함께 식사하고, 내가 없으면 약속이 있는가 보다 한다. 한국식으로 보면 완전 손님 방치다. 처음에는 이게 섭섭하고 이상했다.

우리는 외국에서 친지나 친구가 오면 온 식구의 일상생활이 마비된다. 함께 다니며 관광하고 접대하느라 바쁘다. 먹는 음식부터 하루하루의 일정이 그 손님을 위해 재구성되니 스트레스가 이만저만이 아니다. 그런데 프랑스인들이 친구를 맞는 방식은 방만 내어주고 최대한 자유롭게 두는 것이다. 손님을 접대한다는 생각 자체가 없다. 자신들의 일상을 나누며 머물다 가는 것으로 만족한다.

그래서 나는 원점에서 모든 것을 다시 생각해보게 되었다. 누구를 알아간다는 것에 학벌, 집안, 직장, 가족관계 등의 호구조사가 필요한 것일까? 이것이 정말 서로를 알아가는 것일까? 문득 이런 것들 안에는 정작 자기 자신이 없다는 것을 발견했다. 내가 무얼 좋아하고, 내가 읽은 책은 무엇인지, 나의 삶의 철학은 무엇인지 등등에 관한 대화는 들어 있지 않은 경우가 많다.

일상을 예술로
만드는 사람들

인간은 누구나 가슴속에 간직한
자기만의 세계가 있어야 한다.

인간끼리 가까워지는 것은
둘 사이에 미학적 거리를 유지하고 있을 때다.

사람을 그 지엽적 테두리에 가두다 보면 인간의 눈은 편협해질 수밖에 없다.

나는 동양인이고 끈적끈적한 정이라는 감성을 일부분 지니고 있지만, 그들의 이런 방식이 나쁘게 생각되지는 않았다. 흔히 사람들은 친하다 보면 너무 다가서는 경향이 있다. 너무 많이 주려하고, 너무 많이 소유하려 한다. 이런 마음은 서로를 너무 간섭하고, 통제하고, 모든 것을 공유하려고 한다. 그리고 이것이 친해지는 지름길이라 생각한다.

인간은 누구나 가슴속에 간직한 자기만의 세계가 있어야 한다는 생각에 공감한다. 그것은 아무리 사랑하는 사람이라도, 가족도 함께 나눌 수 없는 미지의 공간이다. 너무 자기 속으로 남을 끌어오지 않고, 너무 남의 삶에 깊이 개입하지도 않으면서 적정선을 유지하며 내부에 단단한 자아를 지키는 것, 어쩌면 이것이 더 건강한 관계일 수도 있다는 생각이 든다.

많은 사람이 연인이나 부부, 가족의 관계에 있어 삼투압과 같이 처음에는 그 농도가 달라도 나중에는 서로 섞여 완전히 같은 농도가 되는 관계를 지향한다. 그러나 바꾸어 말하면 이는 내가 준만큼 남이 내게 주기를 바라는 것이다. 성인이 아닌 이상 대가 없이 무한정 주기만 할 수는 없다. 하지만 인간은 소유하고 소유될 수 있는 동물이 아니다. 마음의 주고받음에 평형이 깨지는 순간 한쪽은 상처 입기 마련이다.

  인간이 자신의 주변에 관해 많은 이야기를 한다고 해서 결코 타인과 가까워지는 것은 아니다. 이 안에 진정한 자기는 없다. 오히려 인간끼리 가까워지는 것은 둘 사이에 미학적 거리 distance esthétique를 유지하고 있을 때다. 연인 사이에도 이러한 거리감이 욕망을 부채질하고, 에로티시즘을 불러일으킨다. 이 미학적 거리는 특히 예술에서 느낄 수 있다. 객체와 주체 사이의 거리에서 오는 시각적 감각이 예술품을 아름답게 한다. 춤을 출 때 상대방과의 거리 역시 미학적 거리다. 그 간격과 묘한 긴장감이 풀리는 순간 균형은 깨지고 춤은 완성도가 떨어진다. 이 아름다운 '거리'가 있을 때 우리는 관계를 존중하며 나 자신을 지킬 수 있는 것이다.

삶의 품격을
말하다

Culture
문화

일 년 내내 기획 전시회와 음악회, 발레 공연, 오페라나 뮤지컬이 끊이지 않고 공연되는 파리는 도시 전체가 문화 공간이다. 여기에 각 분야의 박람회는 전 세계 비즈니스맨을 끌어들인다. 대대적인 공연이 아니더라도 프랑스 전역에 산재한 극장과 교회에서의 작은 연주회, 길가에서의 연주, 하물며 전철까지 모든 곳에서 음악은 끊이질 않는다. 학생들은 저렴한 비용으로 시내 곳곳의 전시회나 연주회를 관람하는 프로그램에 참가해 문화적인 소양을 키운다. 대통령도, 경제부 장관도, 육군 참모총장도 문화를 논하고 시골의 할머니나 우체부 아저씨도 주말이면 자기

일상을 예술로
만드는 사람들

가 좋아하는 공연을 관람한다.

　물론 프랑스의 모든 국민이 문화적 소양이 높다고 미화하는 것은 아니다. 다만, 문화에서 소외된 사람들이 그만큼 적다는 말이다. 의욕만 있으면 비싸지 않은 가격으로 누구에게나 문화는 열려 있다. 자국민의 문화 수준을 국가가 주도해 정책적으로 끌어올리는 프랑스에서 수많은 예술가와 작가, 철학자들이 태어나지 않았다면 그게 더 이상했을 것이다. 그곳은 경제 발전을 위해 문화는 뒷전으로 미루고 허겁지겁 날림정책으로 양적 팽창에만 주력하기보다, 빨리 효과가 나타나지는 않더라도 사회 전체를 끌어올리는 문화 예술에 투자하고 보존하는 나라다. 그래서 프랑스는 다양한 정치, 경제적 문제에도 불구하고 아직 문화적으로는 건강하다.

　이런 건강함을 가장 피부로 느낄 때는 프랑스 청소년이나 기성세대가 좋아하는 인물들을 꼽는 순간이다. 우리와는 많이 다른 것이, 그들의 대답이 권력이나 화려함과는 거리가 멀다는 것이다. 물론 이 사회에도 아이돌에 열광하는 젊음도 있고, 백만장자를 동경하는 어른도 있다. 하지만 청소년 대부분은 심해 잠수 전문가이자, 〈쿠스토 박사의 해양 탐험〉이라는 바닷속 다큐멘터리로 유명한 해양 탐험가 자크 이브 쿠스토Jacques-Yves Cousteau를 가장 좋아한다. 또 프랑스 국민들에게 영웅이라 불리는 사람은 나폴레옹이나 베르나르 아르노LVMH 그룹 회장가 아니라 추운 겨울 노숙자들을 보호하는 사회운동을 펼쳤던 피에르 신부Abbe Pierre나 노숙자와 거지들에게 급식을 주는 '사랑의 레스토랑Restos du cœur' 운동을 시작한 콜뤼슈 등 사회를 따뜻하게 하는 사람들이다. 이 운동들은 일회성으로 끝난 것이 아니라 이들이 죽은 후에도 여전히 계속되고 있다.

프랑스 친구들의 집을 방문해보면 사회 전반적인 문화적 소양을 제대로 느낄 수 있다. 거실에 들어서면서부터 큰 문화적 충격을 받는다. 이민자들의 허름한 서민 아파트가 아닌 이상, 내가 본 모든 거실은 나름의 품격을 갖추고 있었다. 고급 소재로 마감한 최고급 빌라의 갤러리 같은 거실이 주는 품격이 아니라, 그 집안, 아니 그 나라의 역사와 전통이 묻어나는 품격이 느껴진다는 말이다.

프랑스의 거실은 우리나라처럼 푹신한 쿠션에 등을 깊이 박고 느긋하게 TV를 보며 치킨이나 피자를 시켜먹을 수 있는 공간이 아니다. 엄숙하기까지 한 이 공간에서 흐트러진 모습으로 소파에 다리를 뻗고 누워 연속극을 본다는 것은 죄악으로 여겨질 정도다. TV가 아예 없는 경우도 있고, 어느 구석엔가 조그마하게 처박혀 있을 뿐이니, 컴퓨터가 놓여 있는 것은 상상도 하기 어렵다. 조금만 상류층으로 올라가면 거실에 조상들의 초상

일상을 예술로
만드는 사람들

화가 쭉 붙어 있고, 대대로 사용해온 듯한 장식장과 의자, 촛대 등 중첩된 시간이 주는 분위기가 사람을 압도한다. 한마디로 프랑스의 거실은 살롱salon, 말 그대로 외부의 손님을 접대하기 위해 그 집안의 가풍을 고스란히 보여주는 공간이다.

그러다 보니 방문객 역시 무언의 '문화 수준'이라는 압력에 우아하지 않으면 안 될 것 같은 몸가짐을 갖게 된다. 이는 하루아침에 만들어진 것이 아니다. 오랜 세월 몸에 배어 그 자체가 삶의 한 부분인 양 자연스러워진 문화의 힘이라는 것을 세월이 갈수록 더욱 뼈저리게 느낀다. 우리가 너무 무시하고 살아 이제는 잊고 사는 '품격' 말이다.

프랑스는 조상에게 물려받은 문화유산이 정말 풍부하지만, 정신적 유산도 무엇 하나 버리지 않고 산다. 그리고 국가와 국민 전체가 나서서 이를 보호하고 연구한다. 모든 정책은 돌다리도 두들기고 가듯이 느리고 멀리 본다. 문화 정책은 더욱 그렇다. 왜냐하면 문화나 교육이라는 것은 경제처럼 하루아침에 드러나는 것이 아니라 시간이 갈수록, 세대가 바뀔수록 빛을 발한다는 것을 알기 때문이다. 또한 쉽게 흔들리는 경제와는 달리 문화는 인간의 마음에 굳건한 바탕을 만들어준다는 것도 잘 알기 때문이다. 프랑스인들은 17세기부터 시작된 문화 정책의 혜택을 지금 받고 있다는 것을 너무도 잘 알고 있다.

조르주 퐁피두 전 대통령은 "예술은 논하고, 반대하고, 보호하는 것"이라고 말했다. 이 말은 지금도 퐁피두센터에 새겨져 있는데, 정·반·합의 토론을 통해 긍정적 결론을 도출하는 데카르트의 후예다운 말이다. 퐁피두 대통령은 파리를 뉴욕에 버금가는 현대 미술의 중심지로 다시 부활시키겠다는 샤를 드골 대통령의 계획을 이어받아 퐁피두센터를 완성한 대통령이다. 나폴레옹과 마찬가지로 군인 대통령이었던 드골은 문화 대국 프랑스를 꿈꾸었다. 무관이나 문관, 정당을 초월해서 백 년 앞을 바라보며 꾸준하고도 천천히 문화 정책을 펴나갈 수 있는 이 나라가 괴물 아닌가 하는 생각이 들 때도 있었다. 문화 예술을 대통령이 직접 챙겨가며 논하고, 반대하고, 보호하다니. 부러움을 넘어 그 저력이 무엇인가가 아직도 궁금한 것이다.

고풍스러운 도시 파리에 현대적인 에펠탑이나 퐁피두센터가 세워질 때 파리지앵들은 벌떼같이 일어나 반대했다. 르네상스와 바로크, 로코코, 신고전주의 등의 고풍스러운 시대 건물로 꽉 찬 파리 시내에 철골 구조의 에펠탑이나 무슨 공장처럼 파이프가 불쑥불쑥 나와 있는 퐁피두센터는 이질적이고 흉측하다는 것이었다. 이는 루브르 궁 마당에 유리 피라미드를 만들 때도 똑같았다. 이를 통치자가 소신과 문화적 소양을 통한 선견지명, 그리고 백 년을 내다보는 정책을 통해 밀어붙인 것이다. 물론

파리지앵은 문화유산뿐 아니라,
정신적 유산도 무엇 하나 버리지 않고 산다.

문화는 인간의 마음에 굳건한 바탕을
만들어준다는 것도 잘 알기 때문이다.

무작정 밀어만 붙인 것이 아니라 전 국민의 충분한 토론과 의견 수렴을 거치긴 했지만 말이다.

하지만 세월이 많이 지난 후 이 건물이 얼마나 중요한 파리의 건축적인 상징이 되었는지는 우리 모두가 알고 있다. 또한 프랑스에서 처음에는 인정받지 못했던 아방가르드Avant-garde한 예술들이 시간이 가면 그 미적 아름다움을 인정받고 충분히 보호받고 있음을 상징할 수도 있겠다.

이것이 바로 프랑스의 문화적 전통이다. 통치자가 문화를 챙기는 것, 이는 프랑스 역사상 한 번도 무시되거나 소홀한 적이 없었다. 로마가 멸망하고 서유럽의 판도가 바뀌고 프랑스라는 나라가 조금씩 형성되기 시작할 때부터 역대 프랑스를 통치하던 사람들은 모두 문화에 '욕심'을 부렸다.

중세의 프랑스는 사실 교황청이 있던 이탈리아에 밀렸다. 신성로마제국이라는 이름으로 이탈리아를 주무르던 독일에도 밀렸다. 하지만 르네상스 시대인 14세기 필립 7세, 루이 12세, 프랑수아 1세를 지나며 프랑스는 깨어나기 시작했다. 밀라노 공국이나 나폴리 왕국이 자기 것이라는 황당한 주장을 하며 끊임없이 침략전쟁을 일으킨 프랑스 왕들은 이탈리아 국경을 넘나들며 그곳에서 발전하고 있던 예술과 문화를 보았다. 그들은 왕정이 자리를 잡아가자, 인문학자들을 프랑스로 초대해 자손들의 교육을 맡기기 시작한다.

16세기의 프랑스를 물려받은 프랑수아 1세(재위 1515~1547)는 바로 이런 분위기에서 자랐다. 그의 어머니는 아들에게 이탈리아어를 가르치며 열정을 심어주었고, 이탈리아에서 초빙해온 스승들에게서 철학과 라틴어를 배우게 했다. 휴머니즘적 사고에 익숙해진 프랑수아 1세는 국가가 강대해지기 위해서는 문화가 근본이 되어야 한다는 사실을 알았다. 그 또한 선왕들의 열망이던 이탈리아 원정에 불타오르고 있었지만, 발전하고 있던 문화 예술에 더 깊은 관심을 가졌다. 그래서 이탈리아 최고의 예술가들을 프랑스로 초대하여 왕가의 궁전인 퐁텐블로 궁을 장식하게 했다. 이로써 프랑스는 프랑수아 1세와 함께 프랑스 르네상스의 문을 열게 된 것이다.

프랑수아 1세의 업적 중 오늘날의 프랑스가 있게 한 가장 멋진 일은 라틴어 대신에 프랑스어를 공식어로 선택하고 현재 프랑스 학술원인 콜레주 드 프랑스Collège de France의 전신인 왕립학술원Collège Royal을 설립해 국어를 갈고닦는 데 전념하게 했다는 것이다. 그뿐 아니라 프랑수아 1세는 밀라노 원정에서 만났던 레오나르도 다 빈치를 말년에 프랑스로 초청하여, 자신이 어린 시절을 보낸 앙부아즈에 저택을 내어주고 아낌없이 후원했다. 프랑수아 1세의 다 빈치 사랑은 전설이 될 정도였다. 그

결과 그 유명한 세 작품 〈모나리자〉, 〈세례자 성 요한〉, 〈성모마리아, 예수 그리고 성 안나〉가 피렌체도, 밀라노도 아닌 파리의 루브르 박물관 벽에 걸리게 되었다.

어디 이뿐인가? 그의 뒤를 이어 왕이 될 아들 앙리 2세를 문화 선진국 피렌체 메디치 가의 공녀 카트린과 결혼시켜 문화의 초석을 놓았다. 위대한 로렌초 데 메디치가 증조할아버지이며, 교황 레오 10세를 작은할아버지로 둔 카트린 드 메디치가 아니던가! 카트린 드 메디치가 프랑스의 궁정으로 가지고 온 지참금은 돈이 아닌 '선진 이탈리아의 문화'였던 것이다. 그녀는 종교전쟁이라는 격동의 시대에 온갖 풍파를 겪으면서도 프랑스 궁정에서 중세의 때를 완전히 벗겨내는 역할을 담당했다. 튈르리 궁을 신축하고, 야만스런 중세의 궁정에 예법을 도입했으며, 요리에 혁신을 일으켰고, 손 대신 포크와 나이프를 사용하도록 했다(그때까지 프랑스인들은 고기를 칼로 자른 후 손으로 집어 먹고 테이블 가장자리에 걸어둔 커다란 공용 수건에 손을 쓱 닦았다.). 게다가 속옷이란 걸 모르던 프랑스 여성들에게 속옷을 입혔으며, 뛰어난 승마술로 갈채를 받았다. 축제와 연극, 궁정의 연회 등도 모두 카트린이 피렌체의 세련된 문화에서 도입한 것들이었다.

그다음 세대에도 메디치 가의 여인이 프랑스 왕실로 시집을 왔다. 바로 마리 드 메디치로, 역시 '한가락' 하던 메디치 가의 후손이었던 그녀는 기개 넘치게도 프랑스 궁정에 이탈리아 재상을 들이고, 이탈리아 스타일의 궁전을 건축하는 등 파리에 새로운 바람을 일으켰다. 이로써 이전 시대까지 후진국이던 프랑스는 솜이 물을 빨아들이듯 이탈리아의 선진 문화를 흡수할 수 있었다.

이탈리아의 르네상스는 16세기 이후 프랑스의 성장에 결정적인 영향을 주었다. 루아르 강변에 즐비한 프랑스 왕실의 성들은 모두 이탈리아에 빚지고 있다 해도 과언이 아니다. 특히 아름다운 퐁텐블로 성에 초청된 이탈리아 예술가들은 프랑스인들과 함께 이성적인 르네상스 고전주의에 화려한 감성을 얹었다. '퐁텐블로 파'라고 하는 이 예술가 집단은 조화와 균형을 중시하던 고전 양식에 기교적인 수법을 더해, 이전 시대와는 다른 세련되고 우아한 장식미술을 탄생시켰다. 이는 곧이어 오는 바로크와 로코코라는 프랑스 특유의 장식미술로 발전되었다. 또한 이탈리아의 찬란한 인문학을 들여오고, 라틴어 문학을 프랑스어로 번역하면서 프랑스어는 절정의 순간을 맞게 된다. 여기에 바티칸의 종교 음악이 프랑스 궁정에서 다양한 장르로 발전되며 음악마저 주도권을 잡게 되었다.

르네상스 시대가 끝나갈 무렵에는, 이탈리아의 문화를 완전히 소화하여 프랑스만의 것으로 승화하게 된다. 프랑스의 문화에

백 년을 바라보며 꾸준하고도
천천히 문화 정책을 펴나가는 프랑스가
괴물 아닌가 하는 생각이 들 때도 있었다.

통치자가 문화를 챙기는 것,
이것이 바로 프랑스의 전통이다.

대한 탐식이 어느 정도였는가 하면, 이탈리아를 침공한 나폴레옹이 제일 먼저 탐한 것이 베네치아의 금고 속 보석이 아닌 바로 파올로 베로네세의 명작인 〈가나의 혼인 잔치〉였다고 한다. 이집트에서도 마찬가지였다. 이런 문화 정책의 전통은 현대 집권자들에게까지 그치지 않고 이어지고 있다.

결국 프랑스가 추구하는 문화의 본질은 종합 문화 그 자체다. 그래서 프랑스에는 순수예술과 대중예술의 차이가 없다. 순수예술은 고급이고, 대중예술은 저급하게 취급하는 개념 자체가 없다는 말이다. 지적 스노비즘snobisme의 전통을 지닌 프랑스인들은 문화 자체를 구분하는 것도 다양성을 추구하는 관용의 정신인 톨레랑스tolérance에 어긋난다고 여기는 것 같다. 아니면 대중예술 자체가 순수예술만큼 수준이 높기 때문일 수도 있겠다.

프랑스에서는 영화와 연극, 뮤지컬과 오페라, 만화와 문학이 동등한 위치에서 공존한다. 이브 몽탕, 에디트 피아프, 조르주 브라상스, 문화부 장관까지 지낸 여배우 시몬 시뇨레 등은 대중가수나 배우였지만 이들을 카뮈나 사르트르보다 폄하하는 프랑스인은 없다. 그들은 진정한 예술인으로 온 프랑스 국민의 사랑을 받았다. 프랑스에서는 철학자가 영화를 만들고, 해양학자가 만화를 그린다. 그리고 가수가 소설을 쓴다. 이 모든 것이 어릴 때부터 다양한 분야에 관한 문화적 소양을 쌓으며 창의력을 길러왔기 때문에 가능한 것이다.

물론 프랑스라고 상업적인 문화나 광고가 없는 것은 아니지만, 적어도 기획사의 수익과 시청률 같은 데만 연연하지 않는다. 프랑스의 연예인들은 1986년부터 매년 자선콘서트인 레장포아레 Les Enfoirés를 열며 프랑스 전국을 순회한다. 콘서트의 입장료와 CD, DVD 판매 등 모든 수익금은 노숙자들이 무료로 식사할 수 있는 '사랑의 식당' 운영비와 불우 이웃 돕기에 사용한다. 정부, 기업, 국민이 한마음이 되어 적극적으로 지원한다. 이것이 일회성의 보여주기식 공연이 아니라 오랜 시간 한 번도 쉬지 않고 지속해왔다는 데에 감동을 받는다. 사회를 끌어가는 문화의 힘이란 이런 것이다.

"오직 가지고 싶은 것은 높은 문화의 힘"이라고 했던 백범 김구 선생의 말씀이 생각난다. 겉으로 보이는 모습에 집착해 진정성은 사라지고, 교육에서 문화까지 획일화된 현재의 우리 사회는 어디로 가고 있는 것일까? 수준 높은 사회란 인간의 개성 하나하나가 발휘되고 이것이 모여 새로운 것을 창조하는 사회다. 개인의 저력이 모여 국가의 힘이 축적된다. 조금 늦게 가더라도 차곡차곡 문화의 힘을 기른 사회는 그 어떤 충격에도 쉽게 무너지지 않는 내적인 힘이 있다.

일상을 예술로
만드는 사람들

변화와 혁신을
이끈 사람들

Gauche
좌파

우리는 정치적으로 습관처럼 좌파와 우파라는 말을 쓴다. 보통 진보를 '좌파'라 하고, 보수를 '우파'라고 하는데, 한국에서는 그 의미가 그저 나누기 위해 만든 말장난같이 느껴진다. 한국에 정말 진정한 진보가 있는지 의심스러울 때가 많기 때문이다. 게다가 정치에 이를 극단적으로 적용하다 보니 진정한 좌·우파가 무엇인지 왜곡되는 것 같다. 왜냐하면 좌와 우의 개념은 정치를 넘어 문화적 성향까지 포함하는 아주 넓은 범위의 개념이기 때문이다.

유럽에서 좌와 우는 르네상스와 계몽주의, 혁명과 민주주의라는 역사적 흐름과 이 과정에서 집권자인 5퍼센트의 귀족 및 성직자와 나머지 95퍼센트의 착취당하는 민중이라는 두 계급 사이의 관계, 그리고 이들의 생활 습관까지 모든 것이 함축된 개념이다.

　좌파, 우파의 개념이 처음 생긴 곳은 프랑스다. 그 유래는 프랑스 혁명과 관계가 있다. 혁명 직후인 1789년 8월과 9월에 열린 국민의회에서 서로 다른 정치적인 의견을 가진 정당들이 서로 다른 곳에 자리를 잡고 몰려 앉은 데서 시작되었다. 프랑스의 헌법에 국민회의의 권한과 왕의 권한을 규정하기 위한 토론을 할 때, 왕의 거부권을 지지하는 왕당파는 전통적으로 상석인 의장의 오른쪽에 모여 앉았고, 이 거부권에 반대하고 공화정을 주장하던 공화당의 의원들은 "애국자"라는 푯말을 단 왼쪽에 모여 앉았다.

　즉 그때까지의 국가 체제이던 왕정을 보호하던 보수주의자들은 오른쪽에 앉아 있었고, 왕정을 폐지하고 새로운 형태의 국가 시스템을 원하던 진보주의자들은 왼쪽에 앉아 있었다는 것이다. 이렇게 시작된 좌파, 우파의 개념은 유럽과 신대륙에까지 퍼지게 되었다. 그리고 이때부터 대부분의 나라에서 의회를 열 때 보수파는 의장석의 오른쪽에, 진보파는 왼쪽에 앉는 것이 일종의 전통이 되었다.

일상을 예술로
만드는 사람들

프랑스의 좌파와 우파는 이처럼 과거 왕당파와 시민파 간의 싸움에서 비롯된 개념이었기 때문에, 정치적 성향뿐 아니라 사는 곳, 먹는 것, 입는 것 등 라이프스타일 전체를 포함하는 개념이었다.

보수 왕당파인 우파는 자유를 개인$_{individu}$에서부터 출발하는 것으로 본다. 사회$_{société}$ 속에서의 모든 행위, 이를테면 경제 활동도 개인의 자유로부터 출발했다고 생각한다. 여기에서 자본주의와 자유시장경제가 싹튼 것이고, 필연적으로 벌어지는 빈부의 격차를 인정할 수밖에 없다. 게다가 가진 것을 빼앗기지 않으려는 보수성과 프랑스가 최고라는 국수주의적인 면이 강하다.

반면 시민을 대표했던 좌파는 자유의 개념이 개인이 아닌 큰 단위의 사회로부터 출발한다고 본다. 좌파에서 개인은 사회라는 커다란 틀 안에 종속된 주체$_{sujet}$이다. 여기에서 사회주의가 출발한다. 수백 년간 나라를 차지했던 왕조를 폐지하고 얻은 자유다 보니 모든 것을 받아들일 준비가 되어 있어 진보적이긴 하지만, 그들이 궁극적으로 지향하는 평등 사회란 현실성이 부족한 이상 사회일 수도 있다.

이렇듯 좌·우의 구분이 정치적 성향뿐 아니라 사회적 계급에서부터 출발하다 보니 모든 문화적 성향 자체가 다를 수밖에 없다. 우파가 전통적인 오페라나 발레 등을 고수한다면, 좌파는 거리의 연극이나 영화, 오페레타 등을 선호한다. 프랑스적 좌파와 우파는 음식에 대한 취향도 다르다. 그 경계가 뚜렷하다. 좌파는 새로운 것에 대한 수용도가 높다. 즉, 누벨 퀴진, 분자 요리, 패스트푸드, 퓨전, 바이오 등 글로벌하고 실험적인 요리에 대해 관대하다. 반면 프랑스 전통 요리를 최고라 여기는 우파는 오래된 전통의 소스와 스튜 요리를 즐긴다. 즉, 슬로푸드를 고수하는 것이다.

이런 전통은 파리라는 도시도 좌우로 나눈다. 센 강은 서쪽의 노르망디를 향해 흘러간다. 그런데 프랑스인들은 이상하게도 센 강의 북쪽은 리브 드루아트Rive Droite, 즉 오른쪽 연안이라고 하고 남쪽은 리브 고슈Rive Gauche, 즉 왼쪽 연안이라고 한다. 우리처럼 강북과 강남이라 하지 않고 좌, 우라고 표현하는 것이다.

파리의 모든 역사적인 건물들은 센 강 주변에 모여 있는데, 그중에서도 우안에는 왕가의 상징인 루브르 박물관, 귀족들이 드나들던 오페라 가르니에, 개선문, 샤이오 궁 등이 밀집해 있다. 중세 시대부터 이 지역은 왕의 궁전인 루브르가 있고, 귀족들의 대저택이 즐비한 지역이었다. 또한 지금도 프랑스 럭셔리와 오트쿠튀르의 중심지인 샹젤리제와 포부르 생토노레를 비롯해 부자들이 모여 사는 16구는 부르주아적이고 클래식한 라이프스타일의 상징이다.

 이들의 삶은 우아하고 예의 바르며 보수적이다. 세련됨을 의미하는 '소피스티케이트sophisticate'라는 말이 딱 맞는다. 이곳의 고급 아파트들은 바깥에서는 보이지 않지만, 육중한 문을 열고 들어가면 전혀 다른 공간이 펼쳐진다. 넓은 홀과 아름다운 계단, 건물 안쪽에 있는 뜰, 고풍스러운 가구들로 장식된 응접실, 그리고 단정하고 절제 있는 삶을 영위하는 사람들. 이쪽에 흐르는 정신은 전통이다. 고급 아파트도 들어가 보면 놀랄 정도로 고풍스러운데, 고급 저택인 오텔 파르티퀼리에hôtel Particulier에 가면 프랑스 상류사회가 이렇게 돌아가는구나 하는 생각이 든다. 이곳에 사는 이들은 저녁이 되면 연미복과 이브닝드레스를 입고 오페라 가르니에에서 오페라를 관람하고, 이곳 사교계의 중심인 마들렌 광장과 콩코르드 광장 사이의 막심스Maxim's에서 저녁을 먹었다. 막심스에서는 사교계의 아이콘들을 모두 볼 수 있었다. 배우, 모델, 가수, 부르주아 출신 작가, 가끔은 영국의 황태자까지.

 샤넬의 수트는 이 지역의 클래식한 귀부인의 상징이다. 규범 안에서 옷을 입는 여성들을 위한 '정형외과적인' 이 수트는 우리나라 '청담동 며느리 패션'처럼 세련되었지만, 한편으로는 자기 방어에 강한 사람들을 대변한다. 다음과 같은 샤넬의 독백을 이

프랑스 상류사회 사람들은
오페라 가르니에서 오페라를 관람하고,
막심스 Maxim's 에서 저녁을 먹었다.

배우, 모델, 가수, 작가,
가끔은 영국의 황태자까지 이곳에서 볼 수 있었다.

해할 수 있다.

"나는 화석이에요. 감방 안에 있지요. 오트쿠튀르로부터 쉽게 빠져나올 수가 없어요. 나는 드레스를 만들고 잠을 자요."

이에 대항해 패션계의 악동 이브 생 로랑은 이렇게 말하기도 했다.

"나는 부르주아 여성들을 싫어해요. 그들의 비타협성과 정신이 싫어요. 그녀들은 항상 어디엔가 브로치를 달고, 머리는 아주 단정하게 빗지요."

몽테뉴 가(센 강 우안에서도 럭셔리의 상징인)에 자리를 잡고 있던 이브 생 로랑이 1968년 좌안을 뜻하는 '리브 고슈'라는 기성복 라인을 발표했을 때, 리브 드루아트의 사람들은 놀라운 눈으로 바라보았다. 리브 고슈는 그동안 이브 생 로랑이 오트쿠튀르나 프레타포르테에서 보여줬던 느낌과는 전혀 다른 스타일의 옷이었기 때문이었다. 그는 대담하고 자유분방한 여성들이 입기에는 너무 고리타분하다 여겼던 스타일을 거리로 끌어내렸다. 아무도 그가 이런 옷으로 성공을 거두리라고는 생각 못했다. 그러나 이는 기우였고, 놀라움은 곧 부러움과 질투로 바뀌었다.

이브 생 로랑은 이름 그대로 파리 왼쪽 연안에 상점을 냈고, 대히트를 했다. 그러고는 "나는 사람들이 들어와서 만져보고 싶은 마음이 드는, 정감 어린 부티크를 원해요"라고 선언한다. 그 이후 파리의 패션계는 리브 고슈의 젊은이들을 대상으로 한 획기적인 디자인으로 프레타포르테 라인을 운영하며 생제르망이나 몽파르나스로의 진출을 꾀했다.

센 강 우안 사교계의 부르주아적인 가식과는 달리 좌안은 자신을 솔직히 표현하는 자유의 분위기를 상징한다. 그들은 예술적이고 혁명적이며 보헤미안적인 라이프스타일을 추구했다. 파리가 한창 발전하던 시기인 19세기까지 이 지역의 북쪽인 몽루주Montrouge는 아직 수도권에 편입되지 않았던 시절이라 파리 시의 세금이 적용되지 않았다. 다시 말하면, 세금이 붙지 않아 술값부터 모든 물품이 파리 시내에 속한 지역보다 쌌다. 리브 고슈의 빈민가인 라틴 가의 학생들과 교수들, 센 강가의 아틀리에와 클럽을 드나드는 예술가들, 음악가, 재즈 애호가들. 이들은 불르바르 몽파르나스boulevard Montparnasse를 따라 느긋하게 산책을 즐기고 값싼 선술집의 자욱한 담배 연기 속에 인생을 논하며 축제를 벌였다.

오페라 〈라보엠〉은 대단한 성공을 거둔 푸치니의 대표작이다. 라보엠이란 '보헤미안적인 기질'이라는 뜻으로 세상의 이목이나 관습에 구애되지 않고, 자신의 감성이 끌리는 대로 자유스러운 영혼으로 살아가는 사람들을 말한다. 이 오페라에서 푸치니는 바로 이 라틴 가를 배경으로 가난한 아웃사이더들의 삶과 사랑을 그렸다.

다양한 사람들이 모여 있는 리브 고슈의 카페에는 변화와 혁신, 진리를 소리 내어 말하는 좌파 지식인들이 모였다. 여기에 토론 좋아하는 우파 지식인들까지 합세했다. 이곳에 처음 생긴 르 프로코프는 시칠리아에서 건너온 이민자 프란체스코 프로코피오가 1686년 문을 연 프랑스 최초의 카페였다. 르 프로코프는 100년 뒤 프랑스 대혁명 때 당통이나 로베스 피에르 같은 공화주의자들의 집합소였다. 이들은 여기서 자유, 평등, 공화국 등 정치적 이름이 붙은 술을 마시며 혁명의 진로를 설계했다. 그 시절 급진 공화주의자들은 자신들이 주창했던 성 평등 이념에 따라 신사와 숙녀로 쓰인 화장실 푯말을 지우고 남성시민(시투아엥)과 여성시민(시투아엔)으로 다시 썼는데, 이 표시는 200여 년이 흐른 지금도 남아 있다.

프랑스 혁명 정신인 자유, 평등, 박애가 프랑스 지식인들에게서 극명하게 드러난 것은 20세기 초 프랑스를 반으로 갈라놓고, 유럽을 떠들썩하게 한 '드레퓌스 사건'이었다. 프랑스의 평범한 육군 대위 알프레드 드레퓌스가 독일에 군사기밀을 팔아먹은 첩자로 체포되어 군법회의에 기소된 사건이었다.

이상한 것은 기밀을 적은 문서의 필체가 비슷한 것 외에 특별한 증거도 없는데, 종신형을 선고받고 아프리카 외딴 섬의 무시

무시한 감옥에 수감된 것이다. 문제는 그가 유대인이라는 사실이었다. 하지만 그는 프랑스에서 태어나 프랑스가 유일한 조국이며, 애국적인 프랑스 군인이었다. 프랑스는 자유, 평등, 박애의 정신으로 유럽에서 가장 앞서 유대인 차별법을 폐지한 나라였다. 그러나 이는 표면적이었을 뿐 천 년이 넘게 유대인을 박해해온 유럽의 뿌리 깊은 악습이 곳곳에 남아 있었다. 특히 군대와 같은 보수 집단은 더욱 심했다. 글씨가 비슷하다는 이유만으로 드레퓌스를 첩자로 단정한 군 관계자들도 모두 그런 보수 우파들이었다.

  그런데 5년이 지나 우연히 드레퓌스의 동료인 피카르 중령이 다른 사건을 조사하다 드레퓌스 사건의 파일을 다시 보게 된다. 그리고 아무런 증거도 없이 그가 종신형을 선고받았고, 게다가 문서의 필체가 다른 프랑스 장교의 것이라는 사실도 알게 되었다. 그는 상부에 이 사건의 재수사를 요청했지만, 당시 위선적인 보수 권력층은 국가안보와 군의 위신을 지켜야 한다는 생각에 사건을 덮어버린다. 하지만 이는 하늘을 손으로 가리는 짓이었다. 드레퓌스의 가족, 의식 있는 지식인들과 언론은 "이제 프랑스는 존재하지 않는다"라며 보수층을 비난했다. 민주주의와 지성의 성지이던 프랑스가 문명 세계의 비웃음거리로 추락하는 순간이었다.

민주주의와 프랑스 대혁명의 이념에 반대한 왕정복고주의자와 옛 귀족들, 드레퓌스를 감옥으로 보낸 군부, 유대인 박해에 앞장선 과격한 가톨릭 사제와 신도들, 보수적인 정치가들, 군대의 힘을 키우는 것을 가장 높은 국가 목표라고 믿는 군국주의자들, 그리고 이들을 지지한 수많은 신문들의 벽은 높았다. 그러나 의식 있는 지식인들은 그들과 끝까지 싸워 비밀을 파헤치고 언론에 사실을 고발하여 결국 드레퓌스는 5년 만에 누명을 벗게 된다. 이때 투쟁에 앞장섰던 행동파 지식인은 조르주 클레망소, 에밀 졸라 등의 리브 고슈의 좌파 지식인들이었다. 이 사건은 전 세계인들에게 '지식인이란 무엇인가?'라는 화두를 안겨준 사건이었다. 또한 이것은 프랑스 좌파의 저력이자, 아직도 그들이 자부심을 느끼는 이유가 되었다.

그리고 지금의 다양한 사회 목소리가 있게 한 신좌파_{New Left}들의 1968년 혁명은 또 한 번의 자유와 평등을 외치는 소용돌이였다. 라틴 가는 마치 한국의 신촌처럼 파리 1, 2, 3, 4, 5, 6대학 및 이공대학 그리고 파리 최고의 명문 앙리 4세 고등학교 등이 몰려 있는 학생의 거리다. 프랑스가 지금의 평준화된 국립대학의 모습을 갖추게 된 것은 바로 이 1968년 프랑스 학생 혁명을 통해서였다. 그때 투쟁의 온실이 된 것이 바로 소르본 대학교였다.

일상을 예술로
만드는 사람들

"나는 화석이에요. 드레스를 만들고 잠을 자요."

"나는 부르주아 여성들을 싫어해요.
그녀들은 브로치를 달고,
머리는 아주 단정하게 빗지요."

프랑스의 고등교육은 크게 국립대학인 위니베르시테Université와 사립 상경계열인 그랑제콜Grandes écoles로 나뉘는데, 국립대학의 학생들은 리브 고슈적인 면이 강하고, 그랑제콜의 학생들은 리브 드루아트적인 면이 강하다. 왜냐하면 학비를 전액 국가에서 대주는 국립대학에 비해 정치, 경제 분야의 엘리트를 양성하는 사립 그랑제콜은 학비가 비싸 부유한 집안의 자제가 아니면 다니기가 어렵기 때문이다. 그랑제콜은 미래의 부르주아를 키워내는 고등교육 기관이라 할 수 있다.

1968년의 혁명은 베트남 전쟁에 반대하는 몇몇 소르본 대학생들의 작은 시위로부터 시작하여 전 소르본으로 그리고 그 움직임이 시민과 국민, 다른 나라까지 움직여 일어난 기적 같은 혁명이었다. 그 당시의 사회를 지배하던 교육, 고용, 권위적인 행정, 그 모든 억압에 대항한 진보적인 시민 혁명으로 번졌다.

그런데 현재 프랑스 정치를 잡고 있는 세대가 바로 이 68혁명 세대다. 아이러니한 것은 이때 젊은 혈기로 혁명에 가담했던 그랑제콜 계의 좌파 엘리트들은 이 혁명의 물살을 타고 너무도 멋지게 정치계에서 승승장구했다는 거다. 이들은 어려움을 모르는 혁명 세대다. 오늘의 프랑스가 20세기의 찬란한 빛을 잃어가는 이유가 여기에 있을지도 모르겠다.

일상을 예술로
만드는 사람들

예술과 문학의 정점,
한가운데에 있다

Café
카페

파리의 대로를 '불르바르Boulevard'라 한다. 불르바르 양편에는 어김없이 카페가 있다. 한국도 요즘 길에서 하는 공연이 유행이지만, 파리의 모든 현대 예술은 불르바르의 카페에서 시작되었다. 파리의 카페가 19세기 후반부터 인상파 화가나 작가들의 산실이었던 것은 유명한 이야기다. 요즘은 한국에서도 가끔 볼 수 있지만, 파리의 거리는 그야말로 거리마다 도로를 향해 의자를 내놓은 카페 테라스로 온 도시가 도배되어 있다 해도 과언이 아니다. 아침부터 저녁까지 카페는 프랑스인들의 일상에서 뗄 수 없는 부분이다. 아침에는 개와 산책하고 테라스에 앉아 크루아상과 카페오레를 먹으며 신문을 보는 독신자들, 점심에는 간단한 식사를 하는 직장인들, 저녁에는 퇴근길에 친구들과 수다를 떠는 사람들……. 아예 하루의 몇 시간을 이곳에 앉아 책을 보거나 글을 쓰는 사람도 있다.

파리의 카페를 우리나라에 비유하자면, 다방이나 커피숍이라기보다 오히려 주점에 가깝다고 할 수 있다. 커피도 팔지만 간단한 알코올류도 함께 취급한다. 맥주나 와인도 있고, 여러 가지 독주를 잔으로 마실 수도 있다. 수많은 소재와 정보가 넘쳐흐르는 풍족한 이 시대에 카페는 더 이상 모임의 장소가 되지 못하지만, 별다른 오락이 없었던 지난 세기 세대들에게 카페는 화려한 파리의 이면을 비추는 거울과도 같은 역할을 했다. 인생의 단면들이 스쳐 지나가는 기차역 플랫폼 같다고나 할까? 프랑스의 젊은 세대는 현대의 디지털 문명에 합류해가지만, 그래도 여전히 카페는 프랑스인들의 일상에서 빼놓을 수 없는 장소다.

과거의 카페는 일상뿐 아니라 프랑스의 정신과 예술을 키워낸 산실이었다. 문학, 예술, 철학 등 프랑스적인 문화는 모두 카페에서 태어났다. 어쩌면 자유로운 정신의 파리는 카페가 있었기 때문에 가능했는지도 모른다. 19세기 중엽 예술가들이 몰려들고 붐빈 곳은 파리 북쪽 언덕 위 작은 마을 몽마르트르였다. 그래서 가보지 않았다 하더라도 몽마르트르는 동양의 우리에게

일상을 예술로
만드는 사람들

도 추억을 불러일으킨다. 젊은 날의 애잔한 예술적 감성을 대표하는 단어 중 하나이기 때문이다. 어린 시절부터 미술책에서 보아온 수많은 화가들이 모두 이곳에서 그림 수업을 시작했다. 마네, 모네, 툴루즈 로트렉, 고흐, 세잔, 쿠르베……. 여기에 다음 세대인 피카소도 머물렀다. 이들은 가난했고, 가난했기 때문에 예술이 자랄 수 있었다.

 지금도 몽마르트르 아래 동네는 소외되고 가난한 흑인이나 아랍 이민자들이 모여 살고, 가난한 예술가들이 그날그날 벌어 생계를 이어가는 곳이다. 프렌치 캉캉과 샹송으로 유명한 물랭루즈Moulin Rouge, 샤누아르Le Chat Noir, 라팽아질Lapin Agile……. 인상파의 산실이던 시절, 이곳에서는 매일 밤 무희들의 공연이 이어졌고, 매춘부와 유한마담들이 모여들었다. 자유의 분위기에 도취한 여성들이 있으니 당연히 이를 쫓는 도시의 한량들도 모여들었다. 화가들은 이 여인들을 모델 삼아 그림을 그렸다. 작은 언덕길과 계단을 굽이굽이 올라가다 보면 골목 사이로 카페들이 가득 차 있었고, 예술가들은 이곳에서 밤새워 토론하고 새로운 것에 대한 열정을 불살랐다. 이 시절, 흥청거리던 파리에는 새로운 카바레와 카페들이 많이 생겨 파리에만 3만 개 정도에 이르렀다. 그래서 예술과 자유가 넘치던 카페는 파리를 상징한다.

당시 기존의 그림들과 너무 다른 인상파 화가들의 그림은 잘 팔릴 리 만무했다. 그래서 그들은 집세가 싼 몽마르트르 달동네로 몰려들었다. 가끔 술값이 없으면 주인에게 돈 대신 그림을 주었는데, 이 때문에 훗날 인상파 화가들이 유명해졌을 때 떼돈을 번 카페 주인도 있었다. 이들이 카페에 모여든 이유는 공간이 없었기 때문이었다. 몽마르트르의 벌집 같은 아틀리에는 화구나 침대를 놓기도 좁았다. 대신 넓은 카페 공간을 이용해서 선생과 학생들이 모이고, 같은 예술 세계를 지향하는 사람들끼리 뭉쳤다. 토론만 했겠는가? 이들의 자유로운 사고는 술과 자욱한 담배 연기 속에 잠겨들었다.

인상파의 수장이었던 마네는 당시 몽마르트르의 바티뇰가 34번지에 살고 있었는데, 아틀리에에서 불과 몇 미터 거리였던 카페 게르부아를 아지트 삼아 매주 금요일 모임을 주관했다. 르누아르, 드가, 바지유, 사진작가 나다르, 그리고 지베르네에서 온 모네, 퐁투아즈에서 온 피사로, 시슬레 등이 여기에 합세했다. 프로방스에 있던 세잔이나 반 고흐도 파리에 올 때면 이곳에 들르곤 했다. 세잔의 친구였던 문학가 에밀 졸라는 특히 이 모임에 열심이었다.

세기말이 몽마르트르의 전성기였다면, 20세기 초는 몽파르나스의 시대였다. 몽마르트르가 한창 떠들썩하던 19세기 중반부

파리의 카페를 우리나라에 비유하자면,
다방이나 커피숍이라기보다
오히려 주점에 가깝다고 할 수 있다.

지난 세기 세대들에게 카페는
화려한 파리의 이면을 비추는 거울과도 같은 역할을 했다.

터 몽파르나스 지역에도 1500여 명의 화가, 조각가들이 몰려 살았다. 몽마르트르에 살던 인상파를 비롯한 예술가들은 항상 좀 더 저렴한 아틀리에를 찾아야 했다. 그리고 개발이 덜 된 남쪽의 몽파르나스로 줄지어 이주하기 시작했다. 게다가 1911년에 지하철 12호선이 피갈까지 연장되자 새로이 떠오르고 있는 몽파르나스 근처의 바뱅 광장까지 쉽게 갈 수 있게 되었다. 그러면서 몽마르트르는 서서히 쇠퇴하고 몽파르나스 지역이 예술 활동의 중심지로 떠오른다. 그래서 인상주의가 몽마르트르에서 성장했다면, 몽마르트르 언덕에서 태어난 큐비즘은 몽파르나스에서 비상한다. 또한 몽파르나스는 몽마르트르의 개인주의적이면서 퇴폐적이고 몽환적인 분위기와는 확연히 구분된 예풍을 발전시켰다.

그때까지는 교외여서 채소밭이나 쓰러져가는 외양간, 작은 집들이 있던 이 지역이 예술가들에게 특히 매력적이었던 이유는 국립미술대학에서 그리 멀지 않으면서도 집세가 싸서 사설 아틀리에가 밀집해 있었기 때문이다. 조각가 로댕도 이 지역에서 긴 습작 시절을 보냈다. 아직도 그 자리에 있는 르 돔 Le Dôme, 라 로통드 La Rotonde, 라 쿠폴 La Coupole, 레 셀렉트 Le Select 등이 바로 몽파르나스 전설 속에 등장하는 카페들이다. 이곳은 적은 돈으로 끼니를 해결할 수 있어, 근처의 아틀리에에서 작업하는 가난한 화가들의 환영을 받았다.

빈털터리였던 이들은 몽마르트르에서처럼 와인이나 맥주를 마시고는 종종 그림으로 값을 지불하기도 했다. 그래서 카페의 벽은 이들의 그림으로 가득 찼다. 당시 카페의 주인들은 지금의 상업적인 오너들과는 다른 낭만적 감성이 있었다. 지금은 생각할 수 없는 개념이지만, 이 시기의 카페 주인들은 뛰어난 감각으로 재능 있는 화가들의 일종의 후원자 역할을 하고 있었다. 가끔 한 잔 사기도 하고 예술가들과 함께 어울려 토론하며, 카페를 자유와 탈출의 환상을 선사하는 장소로 만들었다.

특히 외국에서 온 젊은 화가들은 프랑스어가 서툴러 같은 언어를 쓰는 예술가들과 카페에 모여 모국어로 소통하고 의지하며 정보를 얻곤 했다. 그래서 이곳은 이국적인 예술가촌을 이루었다. 여기에 프랑스의 아방가르드한 예술가들도 가세해 파리의 화단과 좀 동떨어진 아웃사이더이지만, 개성이 강해 서로 간의 동질성은 없는, 그러나 예술이라는 깃발 아래 하나로 뭉친, 특이한 문화를 형성했다. 이탈리아에서 온 모딜리아니, 러시아인 샤갈, 폴란드인 키슬링, 리투아니아 출신의 수틴을 비롯한 이 화가들의 그룹을 '에콜 드 파리 École de Paris'라고 했다.

이렇듯 다양한 인종과 문화가 혼합된 몽마르트르나 몽파르나스는 예술가들뿐 아니라 카페 주인이나 거리의 여인들 그 자체

카페 되 마고와 카페 드 플로르는
철학자인 장 폴 사르트르와 시몬 드 보부아르가
매일 저녁 글을 쓰고 토론을 했던 곳으로도 유명하다.

로도 전설의 주인공이었다. 예를 들어 카페 라 로통드의 주인이었던 빌토르 리비옹은 성격이 괴팍하고 제멋대로인 모딜리아니를 진정시킬 수 있는 유일한 사람이었다고 한다. 세계 각지에서 온 외국인 예술가들의 친구였던 그는 매상은 신경 쓰지 않았다. 피카소나 데렝, 브라크와 같은 패거리들이 큐비즘의 이론을 발전시킬 수 있도록 기꺼이 테라스를 내주었고, 궁핍한 예술가들이 테이블 위에 머리를 대고 잠들면 방해되지 않도록 주변을 정돈해주었다고 한다.

카페 문화는 다양성을 있는 그대로 수용하는 프랑스적 감수성과 톨레랑스 속에 작가들의 타향살이가 녹아든 하나의 흐름이라고 할 수 있다. 이방인으로서의 외로움과 미래에 대한 불안, 인생에 대한 고뇌……. 이런 것들이 몽마르트르와 몽파르나스 예술촌의 분위기를 형성하고, 여기에 매료된 지식인들을 끌어들였다. 예술가들뿐 아니라 시인, 망명자, 혁명가들도 모여들었다. 이 시대 파리는 그야말로 예술과 문학이 절정을 누렸다. 그래서 이때를 '벨 에포크 Belle Époque'라고 한다. 하지만 1차 세계대전으로 인한 독일의 점령은 몽파르나스의 이러한 광기에 단절을 가져왔다. 프랑스 시인 아폴리네르의 그 유명한 시 〈미라보 다리 아래〉는 바로 이 시대의 사랑과 낭만, 그리고 인생의 덧없음을 이야기하고 있다.

전쟁이 끝나자 생제르망데프레가 새로운 예술가들의 거리로 떠오르게 된다. 파리에서 예술이나 문학을 전공한 사람치고 생제르망데프레의 카페를 기웃거리지 않은 사람이 있을까? 이 거리는 마치 파리를 사랑하는 모든 지성의 성지 같은 곳이었다. 요즈음 젊은이들이 뉴욕의 소호를 기웃거리듯이, 생제르망데프레는 지난 세기의 문화를 화려하게 꽃피웠던 거리다. 이 거리에 모인 문인들, 철학가들, 예술가들이 자욱한 담배 연기 속에 인생을 논하며 세상을 향해 자신의 내면을 표현했다. 그뿐 아니라 이들과 친분이 있던 문인들, 그리고 이들의 자유로운 영혼을 탐닉하던 파리의 한량들, 그리고 수많은 유한마담들과 매춘부들까지 몰려들어, 이곳은 파리의 감성을 책임지는 심장이라 해도 과장이 아닌 곳이었다.

파리의 카페들이 20세기 최고의 지성들로 들끓던 최전성기는 1, 2차 세계대전 사이였다. 이 시기 생제르망데프레는 문학이나 예술이라는 단어와 동일시되었다. 사무엘 베케트나 이오네스코, 지드, 오스카 와일드 등 수많은 작가가 이곳에서 자신의 문학을 완성했고 피카소가 〈게르니카〉를 완성한 것도 이 거리 근처의 아틀리에에서다. 20세기 중반에 파리에 거주하던 헤밍웨이, 헨리 밀러 등의 미국 문인들 또한 이 거리의 카페 단골 멤버로 초현실주의 예술가, 철학자들과 교류했다. 1907년경 금세기 최고의 화가 파블로 피카소와 조르주 브라크가 만나 큐비즘이라는 미술의 새로운 장르를 창시한 곳도 바로 이 지역의 카페에서였다. 그 유명한 카페 되 마고와 카페 드 플로르는 철학자인 장폴 사르트르와 시몬 드 보부아르가 매일 저녁 글을 쓰고 토론을 했던 곳으로도 유명하다.

    카페나 카바레뿐 아니라 파리 우안의 큰 대로들에는 18세기부터 수많은 극장과 레스토랑, 카페들이 몰려 파리의 가벼운 대중문화와 오락을 발달시켰다. 형식적이고 귀족적인 오페라하우스와는 또 다른 길거리의 소극장과 영화관이 처음 탄생한 것도 이 거리에서였다. 길거리 문화는 일종의 가벼움의 정신 상태와 연결되어 있었고, 대중문화로서 순수예술과는 다른 방향을 가게 된다. 하지만 프랑스만큼 대중문화와 순수예술의 갭이 없는 나라도 없을 것이다. 프랑스가 창작이라는 인간의 정신 활동에 대해 보내는 찬사는 그 어떤 분야에건 동등하다. 이 모든 것이 거리에서 탄생한 독특한 파리의 문화적 풍토였기 때문에 가능했다. 정책적으로 밀거나 누가 의도적으로 이끈 것이 아닌 자발적으로 순수한 영혼들이 모여 이루어진 거대한 지적 흐름이었던 것이다.

먹고 즐기는
모든 것을 위하여

Amuse-Bouche
입의 즐거움

프랑스를 하나로 묶어주는 가장 중심적인 개념은 무엇일까? 패션? 자유, 평등, 박애의 정신? 그에 대한 대답은 '갸우뚱'이다. 패션은 프랑스보다는 아시아와 뉴욕에서 극성이다. 자유, 평등, 박애의 혁명 정신이라고 하기엔 아프리카 이민자들과의 문제로 이견이 분분한 것이 어제오늘이 아니다. 하지만 수백 년 전부터 지금까지 프랑스인이라면 누구나 변함없이 한목소리가 되는 것이 있다. 바로 '먹고 즐기는 일'이다.

 요즘 고급 서양식 레스토랑이나 와인 바에 가보면 아뮤즈 부슈 Amuse-Bouche라는 '예쁜 메뉴'가 가끔 눈에 뜨인다. 아뮤즈

일상을 예술로
만드는 사람들

부슈는 프랑스의 고급 레스토랑에서 식사 전에 내는 가벼운 애피타이저로, 작은 카나페나 핑거푸드를 말한다. 식사도 나오기 전에 앞으로 먹고 마실 음식과 와인에 대한 기대감을 높이며 입맛을 다시기 위한 맛보기 요리란 말이다.

아뮤즈 부슈란 프랑스어로 '입을 즐겁게 하기'라는 의미다. 프랑스인들을 삼색기 아래 함께 묶는 것은 그 어떤 것도 아니다. 바로 이것이다. 프랑스인들의 일상에 있어 그들의 의식을 가장 사로잡고 있는 것이 바로 이 작은 단어에 함축되어 있다. 그들은 입을 즐겁게 하기 위해서라면 동물 학대도 서슴지 않는다. 그 유명한 거위간은 정말 거위를 고문해서 만들어진 음식이다. 거위를 가두어놓고 억지로 먹이를 먹이는 것도 모자라, 뇌에 전기적인 충격을 주어 식욕 조절 부위를 마비시킨다든지 화학물질로 몸의 대사를 조절하는 등 인간이 약한 존재에 대해 얼마나 잔인할 수 있는지를 보여준다. 그 조그만 동물의 간을 빼먹기 위해 고군분투하는 커다란 인간의 모습이라니!

이런 기질은 유전적일 수도 있지만, 자연과 경제적 조건이 워낙 좋다 보니 감각을 극대화시킬 수 있는 여건도 한몫 한 것 같다. 우리는 경제적 성공에 대한 강박관념으로 먹고 마시는 가운데도 끊임없이 내일을 걱정한다. 공부와 성공의 강박관념으로 가득 차, 좀더 많은 것들을 얻으려고 힘들게 고군분투하기 때문에, 음식이 주는 즐거운 감각에 온몸을 맡길 여유가 없는 것이다.

반면에 조상을 워낙 잘 둔 덕에 크게 고생해보지 않은 프랑스인들은 대부분이 인생의 기쁨 중의 하나가 '즐기며 먹는 것'이라고 말한다. 누구와 자신을 비교하지 않다 보니 인생의 목적이 우리처럼 거대하지 않은 것이다. 목에 손가락을 넣어 토해가며 맛있는 음식과 와인을 즐기던 문화의 계승자들답다. 입는 것보다 먹는 것이 더 중요한 나라. 그들에게 패션은 돈을 벌어주는 수단에 지나지 않는다. 이들은 먹는 즐거움에 목숨을 건다.

먹는 것뿐 아니라 입으로 하는 모든 '행위'를 좋아해(프렌치 키스도 프랑스에서 나오지 않았던가?), 수다 역시 타의 추종을 불허한다. 프랑스인들만큼 음식을 먹으면서 말을 많이 하는 민족도 드물다. 저녁 식탁에서 수다는 종종 하나의 주제를 놓고 자기 의견을 주장하고 설득시키는 토론으로 바뀐다. 이들 사전에 '침묵이 금이다'라는 말은 없다. 식사시간에 침묵하는 것은 사회부적응자나 우울증 환자로 비추어질 정도다.

처음 프랑스에 도착했을 때 나는 그 오랜 식사시간에 몸서리를 치기도 했다. 별것도 아닌 주제로 서너 시간씩 끊임없이 대화를 이어가며 먹고 즐기는 이들 사이에 끼어 있다 보면, 취하지 않아도 저렇게 오랜 시간 한자리에 앉아 '말장난'으로 시간을 보낼 수 있다는 데에 새삼 놀라게 된다. 우리처럼 끝을 볼 때까지 취하는 것도 아니고, 2차, 3차를 위해 길거리를 배회하는 것도 아니고, 대화로만 새벽까지 지새는 이들을 보면 에너지가 넘친다는 생각이 든다. 프랑스인의 조상인 골$_{Gaule}$ 족은 제외하고라도 이런 음식문화는 14, 15세기 르네상스 시대부터 수백 년간 몸에 밴 오랜 전통이었다.

    르네상스는 이탈리아에서부터 시작했지만, 가장 큰 수혜자가 누구냐고 묻는다면 나는 서슴없이 프랑스라고 답하고 싶다. 중세 말 대부분의 유럽 국가들은 아직 어두운 중세의 긴 터널을 빠져나오지 못하고 있었다. 대륙의 태반은 숲이었고, 경제 기반도 로마인이 남기고 간 몇몇 해안가 도시 외에는 촌락이라고 할 정도의 농촌 사회에 지나지 않았다. 대부분이 봉건 영주들의 장원에서 자급자족으로 살던 시기였다.

    하지만 동방과의 무역과 십자군 원정으로 부를 축적하던 이탈리아는 사정이 달랐다. 비록 수많은 도시국가로 나뉘어 이합집산을 반복하고 있긴 했지만, 곳곳에서 도시가 발달하여 저마다 각각 세련된 문화와 예술이 발전되고 있었다. 또한 이 도시국가들은 서로서로 또는 유럽 각지의 왕족들과의 정략결혼으로 복잡하게 얽혀 있었다. 그런데 이것이 바로 이탈리아 땅에서 끊임없이 전쟁이 일어나며 영토 상속권을 주장하는 실마리가 되고 만다. 왜냐면 대를 이을 자손이 끊어지면 유럽 각지의 왕가에 흩어져 있던 고모, 이모, 사촌들이 서로 상속권을 주장하며 군대를 이끌고 달려들기 일쑤였기 때문이다. 암튼 중세부터 프랑스의 거친 왕들도 이탈리아를 삼키지 못해 안달이 났고, 몇 대에 걸쳐 국경을 넘나들었다.

그런데 이탈리아 원정을 하며 세련된 문물을 접하다 보니, 프랑스도 점점 르네상스 인문주의와 예술로 다듬어지기 시작했다. 자연환경이 좋은 프랑스가 정치적으로 안정되면서 후대의 왕들은 좋은 교육을 받아 소양이 쌓이게 된 것이다. 특히 카트린 드 메디치가 거친 프랑스에 화려한 이탈리아의 르네상스를 심기 시작한 이후 프랑스의 권력자들도 모두 새로운 물결에 심취해 하나의 문화 아래 단결된 강력한 프랑스를 꿈꾸었다.

이렇게 100년쯤 지나자 17세기 루이 14세 치하의 베르사유는 프랑스 궁정문화의 절정을 이루었다. 루이 14세 시절 궁정인들은 먹는 기쁨에 '말하는 기쁨'을 가미해 그들만의 독특한 궁정문화를 유행시켰다. 상류사회의 구성원들은 유행에 뒤떨어지지 않기 위해서는 테이블에서의 화술을 연마하는 것이 필수였다. 가식과 말장난으로 넘쳐나던 베르사유의 궁정은 이후 프랑스 문화의 많은 곳에 흔적을 남겼다.

특히 프랑스인들의 식탁문화는 베르사유 궁정의 저렴한 축소

일상을 예술로
만드는 사람들

프랑스를 하나로 묶어주는
가장 중심적인 단어는 '아뮤즈 부슈'다.

'입을 즐겁게 하기'라는
이 말은 그들의 의식을 함축적으로 나타낸다.

판이라고 볼 수 있다. 베르사유 시대부터 넘쳐나던 그 말장난과 재치들이 그대로 유전되었음이 희미하게 느껴지는 것이다. 또한 예술이나 건축, 실내장식에 있어 기괴하고 과도한 장식으로 넘치던 바로크의 미적 감각은 요리에도 그대로 적용되었다. 손님들이 도착하기 전에 음식이 테이블 위에 상다리가 휘어지도록 차려지고, 식탁의 가운데는 웅장하고 화려한 조각품으로 장식했다. 맛보다도 초대객들의 눈이 얼마나 휘둥그레지며 놀라는가가 우선이었다. 애피타이저부터 메인 요리까지 한 테이블 위에 늘어놓은 것이 오늘날 우리가 '뷔페'라고 하는 스타일의 원조가 되었다.

프랑스가 특이한 점은 바로 군주가 프랑스 고급 요리의 '마케터'였다는 점이다. 요즘 대통령이 국가 산업을 세일즈하고 다니듯이, 프랑스의 요리는 범국가적 차원에서 기획되고 홍보되었다는 말이다. 때로는 권력을 과시하기 위해, 때로는 외교적인 목적으로, 이들은 요리를 전면에 내세웠다. 워낙 먹는 것을 즐기는 프랑스인들은 인간이 맛있는 음식을 먹고 나면 부드러워진다는 것을 잘 알았기 때문일 것이다. 식욕이라는 가장 본능적인 욕구에 저항할 수 있는 인간이란 거의 없으니 말이다. 그래서 프랑스의 권력층은 요리를 수집하고 요리사들을 양성하여 이들을 장기판의 조커 joker 처럼 사용하기 시작한다. 게다가 프랑스인들

일상을 예술로
만드는 사람들

특유의 체계적이고 창조적인 성격과 만나 몇백 년간 모인 조리법들은 음식문화의 거대한 풀pool이 되었다. 프랑스 고급요리는 권력층과 요리사가 전략적으로 만들어낸 구성이 탄탄한 드라마와도 같았다. 프랑스만큼 요리 자체가 문화와 정치의 역사이자, 요리사가 그 시대 최고 권력자들의 측근이었던 국가는 없었다.

　이렇듯 군주들이 의도적으로 부추긴 음식문화는 프랑스 대혁명 이후 부르주아들이 그 바통을 이어받았다. 갑작스러운 부의 축적으로 신분 상승을 한 부르주아들은 돈으로 모든 것을 다 살 수 있었지만, 애석하게도 오랜 전통으로 몸에 밴 귀족들의 기품과 교양은 돈으로도 살 수 없음을 깨닫게 된다. 그래서 전통 있는 귀족 집안을 모방하느라 가랑이가 찢어졌다. 귀족의 성에서 일하던 요리사들과 집사들을 고용하고, 몰락한 집안의 자손과 결혼을 하여 전통을 얻었으며, 자신들에게 부족한 미식의 예술을 학습해갔다. 그런데 이런 모방을 그들만 한 것은 아니었다. 귀족들은 부르주아를 보며 곧 자신들이 입고 있는 전통과 품위가 무겁고 고리타분하다는 것을 알게 되었다. 답답한 각종 규칙과 겉치레로는 변해가는 세상에 적응할 수가 없었던 것이다.

　귀족처럼 우아해지고 싶다는 부르주아의 열망과 부르주아들처럼 가볍고 발랄해지고 싶다는 귀족의 열망은 프랑스의 미식을 한 단계 더 발전시키는 계기가 되었다. 양 계층 간에 이상한 쌍방 역류현상이 생긴 것이다. '부르주아적으로' 먹기 위해 귀족들은 부자연스럽게 간소함을 꾸며 보이곤 하였고, 반대로 부르주아들은 한물간 귀족들의 요리를 맛보면서 전통을 음미하였다. 그 당시 귀족들의 요리는 극도로 세련되고 호화로워 기본 4코스에 무거운 음식으로 채워졌다. 반면 탐식의 시대를 거치지 않은 평민들이었던 부르주아들의 일상식은 요리의 가짓수와 식재료가 간소했다.

1789년의 프랑스 대혁명은 정치 체제만을 변화시킨 것이 아니었다. 경제와 문화에도 돌연변이를 일으켰다. 농업에도 혁명이 오고 기계화는 산업을 발전시키며 신흥 계급인 부르주아를 탄생시켰다. 귀족들이 몰락하며 궁에서 일하던 수많은 요리사가 일자리를 잃자, 이들은 거리로 쏟아져 나왔다. 일부는 부를 축적한 부르주아들의 저택에 고용되기도 하고, 일부는 스스로 살길을 찾기 위해 레스토랑을 열었다. 이때부터 요리와 테이블의 예술은 거대한 사회의 기반을 이루게 되었다. 으리으리한 성에서 일하던 요리사들이 너도나도 파리 시내 곳곳에 레스토랑을 열기 시작했다. 이제 구중궁궐에 숨어 있던 신화적인 고급 요리가 길바닥으로 나온 것이다. 돈만 있으면 누구나 사라진 귀족들만 누리던 호사를 맛볼 수 있게 되었다. 이는 프랑스 요리가 발전하는 계기가 되었다.

　살아남기 위해 요리사들은 최선을 다해야 했다. 또한 월급을 받으며 남을 위해 봉사하는 것이 아닌, 자신의 이름과 명예를 걸고 하는 요리에는 생명력이 깃들기 마련이다. 이들은 파리 곳곳에 스며들어 또 하나의 문화를 이루었다. 왕과 귀족 사회에서 먼저 발전한 문화가 사회 시스템이 붕괴한 이후에 서민에게 그대로 전수되어 완벽하게 골고루 퍼진 예는 역사상 찾기 어렵다. 정치 체제는 바뀌었어도 문화는 오히려 시너지 효과를 일으켰다. 음식문화도 예외는 아니었다.

　19세기 말이 되면서 기획성 있고 체계적인 프랑스인의 기질은 또 한 번 음식문화에 장기를 발휘한다. 정부 주도하에 지역별 농특산물들을 정비해 기후와 토양에 맞는 제품들의 전통과 특성을 보존하기 위한 관리에 들어간 것이다. 와인이 가장 먼저 완벽하게 정리되어 홍보되기 시작했고, 곧 다른 농산물들도 이 모범적인 규범을 따랐다.

　와인을 생산하는 지역에서는 중세 시대부터 수도사들이 지역마다 토양을 파고 심지어는 흙을 먹어보면서까지 포도나무가 자라는 생태를 조사해왔다. 수도사들이 하나 하나 경험으로 깨달은 테루아(한 지역의 농산물의 품질을 결정하는 모든 자연환경)의 개념은 20세기의 과학자들이 첨단기계로 다시 연구를 해보아도 그

결과가 같았다. 놀라운 일이다.

　예를 들어 '포도 알갱이 속에 축적된 우주'라는 표현은 과장된 것이 아니다. 포도 알갱이 안에 농축된 것은 바로 그 지역의 빛과 바람, 그리고 토양의 미네랄과 수분 그 자체이기 때문이다. 바로 이것이 프랑스의 모든 먹거리에 적용되는 개념이며 모든 농축산물은 이를 기본으로 관리되고 있다. GNP_{국민총생산}가 얼마라는 숫자가 중요한 것이 아니라 국민을 먹거리로 속이지 않는 사회야말로 선진국의 기본이 아닌가 생각된다.

　프랑스의 사회학·심리학적 발달 단계를 프로이드적으로 해석한다면, 나는 프랑스를 '구순기적' 문화라 이야기하고 싶다. 아니, 파리 자체가 하나의 거대한 입 같다. 프랑스의 문화는 파리라는 입을 즐겁게 하며 이루어졌다. 찬란한 17~18세기의 귀족 문화를 지나오며 혁명과 함께 분출된 서민들의 이런 구순기적 욕망은 19세기와 20세기를 지나며 프랑스의 문화적 탐식을 낳았다. 20세기 파리는 그야말로 구순기의 절정이었다. 파리라는 '입bouche'은 전 세계에서 오는 다양성에 굶주린 예술가들과 문학가들을 수용했다. 한꺼번에 그 맛을 느끼며 전부 먹어치운 것이다.

　그래서 파리는 패션이나 예술뿐 아니라 전 세계 요리의 거대한 쇼핑센터이다. 레스토랑도 등급과 요리의 종류, 가격 등이 수 없이 다양하며 전문화되어 있어 미식가들의 끝없는 욕구를 맞추어준다. 마치 베르사유 궁전의 살롱에서 식사하는 기분이 들게 하는 초일류 레스토랑에서부터 마룻바닥이 삐걱거리는 오래된 가게, 천정에 빨간 조화가 가득 달린 서민적인 비스트로나 선술집에 이르기까지 다양하기가 그지없다. 이 안에서 전 세계에서 온 사람들은 요리를 쇼핑한다. 프랑스가 배출한 스타셰프들은 TV에 출연하고, 거대 자본과 만나 전 세계 프랑스 미식 레스토랑 비즈니스에 뛰어들고 있다. 2010년 프랑스 요리는 유네스코 세계문화유산에 등록되었다. 자국의 음식문화를 최고의 국가 이미지로 마케팅하고 있는 전통은 변함이 없다. 여전히 미슐랭 3스타의 빛나는 셰프들은 국가의 조커로 전 세계를 날아다닌다.

 찬란했던 로마 제국도 중국도 요리를 프랑스와 같이 범국가적 수준까지 끌어올리지는 못했다. 프랑스는 체제가 전복되거나 왕조가 바뀌고, 산업혁명이 일어나는 와중이나 전쟁을 치르고도 이런 기본적인 음식문화에 대한 욕구는 바뀌지 않았다. 진정한 상류사회는 '미식'에 준한다는 이들의 생활 철학은 일관성 있게 현재까지 이어진다. 돈으로 패션과 집은 살 수 있어도 천박한 입맛은 바꿀 수 없기 때문이다. 이러한 미식에의 욕구는 청빈함을 외치던 종교개혁이나 혁명조차도 멈추게 하지 못했고,

프랑스가 특이한 점은 바로 군주가 프랑스 고급 요리의
'마케터'였다는 점이다.

때로는 권력을 과시하기 위해,
때로는 외교적인 목적으로, 요리를 전면에 내세웠다.

구체제가 무너지고 새로운 시대가 오자 이때부터는 오히려 시민들이 나서 음식문화의 전통을 유지하고 더 발전시켜갔다. '즐거운 입'을 향한 열망이 애국이나 그 어떤 이데올로기보다 프랑스의 단결을 이끌었다.

Chapter 02

사상은 섹시하게,
삶은 자유롭게

1년의 365일보다도
더 많은 종류의 치즈를 생산하는 나라의 국민을
통치하는 것은 정말 어려운 일이다.
– 샤를 드골Charles De Gaulle(프랑스 전 대통령)

차이를
인정하고 존중하다

Bourgeois
부르주아

화장품 브랜드 이름에도 있고, 우리가 무심결에 자주 쓰는 단어이기도 한 부르주아bourgeois. 흔히 좀 '있어' 보이는 사람을 가리켜 부르주아라 부른다. 본래 자본가 계급을 통칭하는 부르주아라는 말은 '도시'를 뜻하는 부르그burg에서 유래했다. 중세에 영주들이 다스리던 시골의 장원과 달리 산업혁명 시대에는 상공업에 종사하던 사람들이 모여들어 작은 도시를 만들기 시작했는데, 이를 부르그bourg라 했다. 독일에서는 아직도 도시 이름에 그 흔적이 남아 있다. 스트라스부르그, 함부르그, 프라이부르그 등이 그것이다.

이 도시에는 수공업자들과 상인들이 모여들어 시장이 발달했고, 시민이 늘어나자 하나의 사회가 형성되기 시작했고, 여기에 법률가, 은행가 등 토지를 기반으로 한 중세와는 크게 다른 계층이 생겨났다. 그리고 이들은 점점 자본을 축적하여 부유한 계급을 형성하게 된다. 평민 출신의 엘리트 계급이 탄생한 것이다. 어찌 보면 한국의 중인 계급과 비슷하다고 하겠다. 다만 한국의 중인 계급은 그 세를 전체적으로 규합해 정당이나 사회단체로 크지 못했고, 유럽은 그것이 가능해 근대사회로 도약했던 것이다.

부르주아들은 그 지역 땅의 주인인 영주로부터 도시가 서 있는 땅을 매입하고, 자신들 스스로 도시를 통치하기 시작했다. 이들은 자본으로 성을 쌓고, 그 안에서는 영주나 왕의 간섭을 받지 않는 자유로운 삶과 이익을 추구했다. 상업 활동을 위해 문서와 셈을 이해하기 위한 국어나 산수를 공부해야 했고, 이는 곧 학교로 발전했다. 그 이전까지 학문은 귀족과 성직자들만의 독점이었지만, 차차로 도시의 자본가들이 학문과 문화의 영역에 참여하게 된 것이다.

이로 인해 이탈리아에서부터 르네상스가 일어나 이후 전 유럽이 깨어나게 되었다. 그러나 아직도 여전히 유럽은 한 사람의 권력자인 왕이나 공작이 통치하는 체제였고, 부르주아들은 정치 일선에 나설 수는 없었다.

사상은 섹시하게,
삶은 자유롭게

그런데 1789년에 일어난 프랑스 대혁명은 전 유럽에 중요한 전기를 마련하게 된다. 표면적으로 혁명은 시민이 주도한 것처럼 보였다. 하지만 뒤에는 강력한 배경이 있었는데 바로 부를 축적하며 새로 떠오른 부르주아 계급이었다. 왕족이나 귀족을 감히 쳐다볼 수 없었던 하층민과는 달리 엘리트에 부까지 갖춘 부르주아 계층은 귀족이라는 이유만으로 권력과 토지를 독식하는 상위 5퍼센트가 눈엣가시 같았을 것이다. 게다가 선민의식을 가진 귀족들은 결코 부르주아를 자신들과 같은 클래스에 끼워주지 않았다. 오히려 '천한 졸부'라고 칭하며 무시하는 분위기였다. 결국, 엘리트 부르주아 계층은 뒤에서 시민들을 교육하고 슬그머니 선동했다. 결과적으로 완벽한 시민혁명의 모습으로 나라를 뒤바꾼 것이다.

프랑스는 오랫동안 국교가 가톨릭이었던 탓에 전반적인 사회 분위기가 보수적이고 전통을 존중했었지만, 중세의 기사도 정신은 모험과 영웅적 태도를 높이 사는 가치관을 심어주었다. 그래서인지 역사를 살펴보면, 평소에는 모래알 같은 프랑스인들이지만 제2차 세계대전 당시 나치에 대항한 레지스탕스처럼 나라가 어려울 때 이상하리만큼 단결된 모습을 보여준 적이 많다. 이는 프랑스인들이 전원적이고 땅에 집착하는 농부 기질을 지녔지만, 한편으로는 이와 대비되는 이상주의적이고 개인주의적이며 소신에 따라 폭정이나 압제, 부정에 맞서 과감히 투쟁하는 이중적인 면을 갖고 있음을 뜻한다.

혁명으로 왕정이 무너지고 점점 자본주의 사회로 전환되면서 평민 부르주아 계층이 귀족을 대신하게 된다. 가문이나 핏줄이 아니라 돈이 곧 권력이 되는 사회에서 이들은 재력으로 정치에 개입하게 되었고, 새로운 문화의 주역이 되었다. 상인 중에 큰 부를 축적한 사람들이 생기고, 이는 귀족과는 다른 또 하나의 특권 계급을 탄생시켰다. 시골에 수백억짜리 땅을 가지고도 현금이 없는 귀족보다는 현재 현금을 수백억 보유하고 물건을 구입하거나 돈을 빌려줄 수 있는 사람이 힘이 있을 수밖에 없는 것은 당연했다. 그리고 이제 궁중에서 귀족들만 누리던 문화들은 모두 궁전 밖으로 쏟아져 나오기 시작했다.

레스토랑이나 예술가라는 말도 이때 생겼다. 이미 중세나 르네상스 시대에 예술가들을 보살펴주던 '후원자'들은 사라졌고, 예술가나 요리사, 작가 등 궁정의 후원을 받던 사람들은 온실을 벗어나 자본과 현실이라는 냉혹한 세계로 내던져졌다. 몰락한 귀족 가문 출신의 젊은이들은 상실감과 생활고로 가진 것이라고는 우아한 몸뚱이뿐이었고, 이를 이용하기도 했다. 그래서 프랑스의 대문호들이 쓴 작품에는 몰락한 귀족 가문 출신의 미남자가 돈 많은 부르주아 부인들의 정부가 되는 이야기, 또는 돈

많은 부르주아 처녀총각들이 몰락한 귀족 가문의 처자와 결혼을 하여 그 명예를 돈으로 사는 이야기들이 자주 등장한다.

그런데 신흥 부르주아들은 그들대로 콤플렉스가 하나 있었다. 돈으로 모든 것을 다 갖추어도 오랜 전통으로 몸에 밴 귀족적인 정통성은 가질 수 없다는 것이었다. 귀족 출신은 몰락했더라도 무언가 광채가 나는, 범접할 수 없는 귀티가 있었다. 그 범접할 수 없음이란 자손 대대로 DNA에 각인된 자부심과 남을 부려본 사람만이 가질 수 있는 위엄 같은 것이었을 것이다.

게다가 새로이 사회의 주역이 된 부르주아가 대중에게 새로운 권위를 납득시켜야 하는 것도 숙제였다. 그래서 어렵게 자수성가한 1세대 부르주아들이야 근검절약이 몸에 배어 일반 평민들과 큰 차이 없는 생활을 했었지만, 그들이 자리를 잡고 아들, 손자 세대로 부와 권력이 세습되며 점점 일반 대중들과는 격리된 삶을 살게 되었고, 그 과정에서 상류층 서클 안에서 자기네들끼리의 문화가 생길 수밖에 없었다. 결국, 자유를 상징으로 생겨난 부르주아는 자신들의 덫에 걸리고 만다. 시민혁명으로 어렵게 얻은 자유, 평등, 박애는 또 다른 특권 계층인 부르주아들에 의해 그 의미가 모호해져버린 것이다.

뱁새가 황새 따라잡으려는 부르주아들의 문화 습득은 스노비즘 현상을 낳았다. 스노비즘snobisme의 어원에 대해서는 설이

1789년에 일어난 프랑스 대혁명은
전 유럽에 중요한 전기를 마련하게 된다.

혁명의 뒤에는 부를 축적하며
새로 떠오른 부르주아 계급이 있었다.

다양한데, 가장 신빙성 있는 것은 19세기 산업혁명 이후 세상이 바뀌자 귀족 자제만 다니던 학교에 부르주아의 자제들이 입학하면서부터라고 한다. 귀족 출신 학생은 귀족이란 뜻의 '노블Noble'을 줄여서 'Nob'라 하고, 부르주아 출신 학생은 '귀족성이 없다'는 의미의 라틴어 표현인 'Sine nob'라 칭했는데, 이것이 줄어들어 스노브Snob가 되었다고 한다.

19세기에는 귀족과 부르주아들이 같은 자리에 함께 섞여 있었지만, 물과 기름처럼 구분되어 있었다. 스노비즘을 사전에서 찾으면 '고상한 체하는 속물근성, 또는 출신이나 학식을 공개적으로 자랑하는 일'이라고 나오는데, 이 또한 19세기 부르주아들의 습성에서 나온 것이다. 귀족층은 오랜 전통으로 몸에 자연스럽게 우아함과 문화가 배어 있었지만 부를 축적해 갑자기 상류사회에 진입한 부르주아 1세대는 이런 기품을 갖추지 못했다. 그래서 귀족의 흉내를 내려다 보니 있는 척, 아는 척 폼 잡게 된 것이다.

스노브한 인간은 엘리트에 속하기를 갈망하며 평범한 사람들보다 우월해보이길 원하고 언어나 기호, 패션, 라이프스타일 등 자신이 속하고 싶은 사회적, 지적 클래스의 행동을 모방한다. 그리고 열등하다고 여기는 자들을 경멸한다. 그러면서도 진보적 엘리트라는 끈은 놓지 않는 것도 특징이라고 할 수 있다.

한국에서 한때 '강남 좌파'라는 말이 유행했었는데 이 단어만큼 한국적인 스노비즘을 잘 대변해주는 말도 없을 것 같다. 좌파라는 어감이 주는 진보성, 지성 등이 가장 보수적이고 물질적인 동네의 고급 레스토랑에서 자본이 주는 단맛을 즐기면서 서민을 대변하는 척한 것이다.

인간에게는 누구에게나 이중성이 있지만, 대놓고 척하는 태도가 바로 19세기의 스노비즘이라 할 수 있다. 하지만 스노비즘이 결코 내면의 보이지 않는 열등감을 드러내 사회에 피해를 주는 것은 아니다. 쉽게 그 바닥이 보인다 하더라도 그들의 극도로 세련된 감각은 그 자체로서 존재의 가치가 있다. 다양한 개성을 수용하던 19세기, 20세기 초 파리 사교계에서 스노비스트들은 엄연한 한 자리를 차지했고, 특유의 탐미적인 감각으로 문화 예술에 공헌했다.

《잃어버린 시간을 찾아서》라는 길고 난해한 대작을 쓴 마르셀 프루스트는 스노비즘의 연구 대상으로 언제나 거론된다. 당시 또 하나의 거성 앙드레 지드는 프루스트에게 잘 보여 등단했지만, 프루스트의 스노비즘에 질려 나중에는 싫어하게 됐다는 이야기도 있다.

이런 방식으로 이루어지는 사회적인 모방에 대해 영국의 한 사회학자가 먼저 정의를 내렸고, 곧 이어 미국의 소스타인 베블린 등에 의해 분석되기 시작했다. 그리고 이러한 사회적 현상을 '과시적 소비', '베블런 효과' 등으로 표현했다. 그 내용을 간단히 요약하자면, 이제 누구나 돈으로 사치품을 살 수 있게 된 자본주의 사회에서는 가치가 가격을 형성하는 것이 아니라 높은 가격이 가치를 형성한다는 것이다. 부르주아 구매자들은 가격이 낮은 물건에는 흥미를 잃고 반대로 가격이 높은 물건에는 소비 욕구가 증가한다. 값비싼 물건의 소비는 귀족적인 클래스로 진입했다는 환상을 갖게 하기 때문이다.

물론 사치품이 언제나 실용적인 것은 아니지만, 자본주의와 함께 물질적 욕망은 과거에는 존재하지 않던 자산을 만들어냈다. 땅이나 보석, 궁전 등과는 달리 물건의 원가가 문제시되지 않는, 투영된 이미지로 거래되는 자산 말이다. 누가 만들었다든지, 누가 사용한다든지 등등. 예술품, 오트쿠튀르의 옷, 고급 스포츠카, 보석, 고급 와인……. 이는 나아가 라이프스타일이나 개성, 미적인 기호, 먹는 취향, 여가에까지 영향을 미쳤고, 과시하기 위해 돈을 쓰는 현상을 낳았다. 이는 귀족과 같은 몸에 밴 기품과 세련된 면모를 갖추고 싶어 하던 부르주아의 갈망이 만들어낸 새로운 시장이다.

19세기 프랑스의 법률가이자 미식가인 브리아 사바랭은 "당신이 먹는 것이 무엇인지 말해주면, 당신이 어떤 사람인지 이야기

프랑스란 나라는
편견이나 차별은 없지만, 클래스,
곧 계급은 아직 존재하고 있다.

그러나 그 계층의 벽을 뛰어넘으려 하지 않고,
자신의 위치에서 삶을 즐긴다.

해주겠다"라고까지 말했다. 미식을 사랑하는 프랑스인들이라면 당연히 할 법한 말이지만, 이 말 속에는 먹는 것에 대한 취향, 그 식품의 품질, 가격 이런 것들로 당신이 속한 사회 계층을 알 수 있다는 의미가 함축되어 있다. 현대에 스타나 유명인이 한번 사용하기만 하면 아무리 비싸도 '완판'되는 것도 결국은 사라진 '귀족 취향'이라는 자리를 역사와 스토리텔링이 있는 물건이 대신한다는 것과 연속선상에 있다.

아무튼 혁명 이후 프랑스는 혁명과 반동, 나폴레옹의 집권, 왕정복고가 반복되면서, 낡은 사상과 새로운 사상, 구체제와 새로운 체제가 치열한 다툼을 하며, 귀족과 부르주아, 농민과 노동자가 치열한 투쟁을 거듭하며 민주주의로 나아간다. 이와 함께 부르주아들이 모방했던 귀족들의 생활은 차차 서민들에게까지 퍼져 생활화된다.

이처럼 오랜 민주주의의 역사를 몸소 겪은 프랑스는 대학생들 사이에서도 부르주아 가정 출신인지, 우브리에 ouvrier, 노동자 가정 출신인지에 대해 별 스스럼없이 이야기하기도 한다.

친구 클레르 안과 프레데릭은 내 학창 시절 내내 단짝이었다. 그런데 샹파뉴에서 온 클레르 안은 좋은 집안 출신이었지만, 어머니를 어릴 때 여의는 불운을 겪었다. 또한 어머니가 돌아가신 이후 아버지는 여러 여자를 전전했던 것 같다. 10여 년 전부터는 변호사인 에디트가 새엄마가 되어 아버지와 함께 살고 있었다. 반면에 프레데릭의 아버지는 캉 시외의 공장에서 일한다. 연봉도 많고 교외의 아름다운 집에 가정도 단란하다. 주말이면 우리를 저녁식사에 초대해서 때로는 게스트룸을 내주고 다음날 숲 속에서의 바비큐까지 책임져준 고마운 분들이었다. 그런데 지금까지도 내가 본 똑똑한 여자(현명한 것은 둘째 치고) 중 몇 안에 손꼽는 클레르 안은 대화중에 가끔 자기네 집안은 부르주아 출신이고 프레데릭네는 노동자 출신이라는 의미의 우브리에라는 단어를 사용했다.

나는 한국에서는 크게 생각해보지 않은 주제라 그게 뭐가 중요한지 잘 몰라 궁금했었다. 지금 생각해보니 프랑스는 그런 단어가 역사를 통해 삶 속에 깊이 각인되어 있는데다가 클레르 안의 전공이 사회학이었기 때문에 머릿속에는 항상 부르주아니 노동자니, 좌파니 우파니 이런 단어들로 꽉 채워져 있었던 것 같다.

그때 느낀 것이 프랑스란 나라는 분명 사회적인 편견이나 차별은 없지만, 클래스, 곧 계급은 아직 존재하고 있다는 것이었다. 귀족은 사라졌지만, '올드머니(old money, 전통적 의미의 부자)'의 오랜 전통과 문화적인 소양이라는 틀은 절대적으로 남아 있는 곳이 프랑스다. 다만 특이한 점은 일반 평민들이 그 계층의 벽을 뛰어넘으려 하지 않는다는 것이다. 굳이 상류층이 든다는 명품가방에 중산층이 목매지도 않고, 스타가 입은 옷이 다음날 '완판'되는 일도 이 사회에서는 일어나지 않는다.

이 나라 사람들은 모두 '나 잘난 맛'에 사는 것 같다. 남을 부러워하고 그 계층 간의 차이를 뛰어넘기 위해 쓸데없는 시간을 버리기보다는 그 시간에 자기가 있는 위치에서 바캉스와 외식, 사랑을 즐긴다는 의미다. 사회 시스템 자체가 타인과 비교하며 상대적 빈곤에 시달리게 하는 문화가 아니므로 굳이 위의 계층만 바라보며 몸부림칠 필요를 못 느끼게 하는 것이다.

인생
최고의 모험

Amour
사랑

'프렌치 러버'라는 말이 한때 수많은 여성의 마음을 설레게 한 적이 있었다. 프랑스 남성들은 여성들에게 친절하고, 사랑의 기술이 뛰어나다는 환상에서 비롯된 말이었다. 그런데 대망의 꿈을 안고 프랑스에 도착한 첫날부터 나의 실망은 매우 컸다.

일단 공항의 세관원이나 경찰은 무뚝뚝하고 냉정할 뿐 아니라 권위적이기까지 했다. 길에서 무거운 가방을 들고 가면 얼른 뛰어와서 들어주고, 차에 타거나 내릴 때도 "마담Madame" 하며 손을 내밀 것이라는 기대는 산산조각이 났다. 무거운 가방을 질질 끌고 걸어도 냉랭한 얼굴을 한 파리지앵들은 눈길도 주지 않고 빠른 걸음으로 지나갈 뿐이었다. '뭐, 대단한 미인은 아니지만 그래도 동양에서 왔는데, 얘네들한테는 내 미모가 안 먹히는 건가?' 하는 생각이 들었지만, 지내다 보니 그런 관점은 아니었던 것 같았다. 설사 미란다 커가 가방을 들고 계단을 올라가도 도와주지 않았을 것이다.

그렇게 내 유학생활은 시작되었다. 말로만 듣던 프렌치 러버들이 다 어디 갔는지 찾아보다가 내린 결론은 그들은 이미 몇십 년 전에 멸종되었다는 것이었다. 살아남은 자들은 환갑을 훌쩍 넘겼다. 그러니까 프랑스 할아버지들만이 여성들을 살살 녹이는 기사도를 간직하고 있을 뿐이었다. 일단 철저한 개인주의가 몸에 밴 젊은 파리지앵들은 자신과 관계가 없는 한 타인에게 관심이 별로 없었다. 게다가 기사는커녕, 여성과 남성이 동등한 취급을 받는 사회적 분위기 속에서 자라 유약해보이기까지 했다. 프랑스인들에게 기사도란 사극에 나오는 공주의 호위무사 이야기일 뿐이었다.

한때 프랑스 남성들의 친절함은 국가의 이름을 건 자부심으로, 소문이 자자했었다. 프랑스인들 특유의 낙천성과 입담이 어우러져 20세기 중반까지 사랑은 곧 프랑스와 동의어로 여겨졌다. 여기에는 프랑스 남자 배우들도 한몫했다. 백 년에 한 번 나올까 말까 한 미남 배우 알랭 들롱을 비롯해, 가을 낙엽이 비에

사상은 섹시하게,
삶은 자유롭게

젖는 듯한 목소리로 '고엽'이라는 샹송을 부르던 이브 몽탕, 끈적한 목소리로 "모나코의 무더운 28도 그늘에 오직 우리 둘뿐이었지. (…) 그대는 두 눈을 지그시 감았고, 태양은 드높았어. 그대를 부드럽게 애무하는 내 손은 뜨거웠지"라며 읊조리던 영화 〈28° à l'ombre(우리나라에는 '모나코'라고 소개되었다)〉 속 장 프랑수아 모리스까지……. 게다가 프랑스 남쪽 끝에 붙은 소왕국 모나코의 왕비로 살다 사고로 죽은 그레이스 켈리의 전설은 젊은 우리를 사로잡았다.

어린 시절 프랑스는 마치 동화 속의 나라 같았고, 이는 어쩌면 나를 프랑스어와 연결해주는 잠재적인 계기가 되었을지도 모르겠다. 유교적이고 가부장적인 한국 사회에서 자랐던 내게 프랑스 남자들은 정열적이고 여성을 존중할 것이라는 꿈을 키워줬던 것이다.

프랑스가 사랑의 나라로 여겨지게 된 것은 금욕을 강요하던 기독교 사회에서 이루어졌던 피 끓는 젊은 기사들과 귀부인들과의 사랑에서부터 연유하는 것 같다. 로마가 멸망한 5세기 후반부터 르네상스가 시작되기 전까지인 13세기까지를 대략 중세라고 하는데, 이 시대는 유럽 전체가 기독교적인 경건한 분위기 속에 금욕적인 생활을 하던 시대였다. 가톨릭이 국교이고, 로마 교황청의 우산 아래 있던 프랑스는 신의 존재가 너무 커서 문학

'프렌치 러버'라는 말이
한때 수많은 여성의 마음을
설레게 한 적이 있었다.

그들 특유의 낙천성과 입담은
사랑과 프랑스를 동의어로 여기게 했다.

속에서마저도 인간의 육체적인 사랑이란 금지된 죄악과도 같이 여겼다. 대부분의 위대한 교부들은 성을 혐오해 결혼생활에서조차 아이를 낳기 위한 성행위만을 인정해주었고 절대적인 금욕을 바람직하게 여겼다.

문제는 이런 성직자들이 진정 금욕적이었느냐 하면 아니었다는 것이다. 수백 년 된 수녀원의 지하실에서 아기의 유골들이 수없이 발견되는 것을 뭐라 설명할 수 있을까? 게다가 교황이나 추기경들이 사생아를 두고 있는 것은 공공연한 비밀이기도 했다. 스탕달은 이탈리아의 한 왕녀가 더운 여름밤 아이스크림을 먹으면서 이렇게 탄식했다고 그의 일기에 썼다. "이 맛있는 걸 먹는 게 금지된 죄라면 얼마나 더 감미로울까!" 중세에 육체적 사랑이란 금지된 아이스크림이었던 것이다.

이렇게 억압된 욕구는 소극적으로나마 문학적으로 분출되고 있었다. 중세 말인 12세기 전후로 남프랑스와 북부이탈리아를 방랑하던 음유시인인 트루바두르 troubadour들이 귀부인과 기사들의 고귀한 사랑을 노래하기 시작했다. 가장 로맨틱한 사랑의 형태는 '궁정의 사랑'이었다. 주로 기사와 그가 충성을 바치는 귀부인과의 사랑을 주제로 하는데, 기사는 귀부인에게 열렬하게 사랑을 바치고 그녀를 보호하고 그녀를 위해 목숨을 바칠 각오를 한다는 내용이다.

이 시대의 결혼이란 자손의 생산을 위한 것이었고, 쾌락은 죄를 짓는 행위로 여겨졌으며, 신에 대한 한결같은 사랑만을 강요했지만, 인간의 본성을 숨길 수는 없었던 것이다. 이런 '궁정식 사랑'이라는 남녀관계의 주제는 르네상스인들의 의식 속에 신에 대한 정신적 사랑을 대신해 육체를 포함한 인간적인 사랑에 대한 개념을 깨우게 되었다는 데에 그 의미가 있다. 남자와 여자의 성적인 사랑이 에덴에서 쫓겨나게 된 죄악의 원천이 아니라 신에 대한 사랑만큼이나 아름답고 가치 있는 행위임을 인식하기 시작한 것은 가히 혁명적이었다.

중세는 전사들의 시대였다. 영토 분쟁, 권력 투쟁, 십자군 원정 등 눈뜨면 전쟁이 일이었던 이 시대에 젊은 남성들은 전장에서 수없이 죽어갔다. 미망인들뿐 아니라 일 년 중 350일은 남편이 원정을 나가 있는 귀부인들에게 남아 있는 젊은 기사와의 밀애는 어쩌면 서로에게 필요조건이었는지도 모른다. 기사들은 그가 충성을 서약한 귀부인을 존경하고 보호해야 했다. 일종의 호위무사 역할을 했던 것이다.

어쩌면 이 시대는 암암리에 서로 충성을 주고받는 공생의 관계였을 수도 있다. 젊은 기사들은 귀족 가문의 상속권에서 밀려난 이들이 많았고, 이 때문에 사회의 불안 요소일 수도 있었다. 이 시대의 결혼이란 애초에 사랑 같은 것은 존재하지 않는 정략

결혼이었으니, 봉건 영주는 이들에게 부인을 내주면서 서약과 봉사로 통제할 수 있었고 젊은이들은 권력에의 목마름을 이런 유희로 해결할 수 있었을 것이다. 하지만 이는 귀족 여성들에게만 해당하는 자유였고 일반적인 여성의 지위는 조선 시대 여성들과 다를 바 없었다. 프랑스 여성들의 삶은 극단적으로 양분되어 있었다.

성직자 중에는 모험을 넘어 모든 금기를 깨고 불같은 공개연애를 한 사람도 있었다. 금지될수록 유혹적인, 금지된 과일의 맛을 보았던 것이다. 중세의 수도사였던 성 아벨라르와 엘로이즈가 바로 그 주인공이다. 성 아벨라르는 뛰어난 논리학자였고, 플라톤주의로 무장한 신학체계에서 아리스토텔레스적인 사상을 가진 사람이었다. "이해될 때까지 아무것도 믿을 수 없다"라는 그의 신념에 신학의 테두리는 너무 좁았을 것이다. 그는 믿기 위해서는 본성을 억압할 것이 아니라 먼저 모든 것을 경험해야 한다고 보았다.

프랑스 북서부 브르타뉴의 유력한 가문에서 태어난 성 아벨라르는 그 시대의 많은 귀족이 성직의 길을 택하듯이 수도사가 되어 신학을 공부하게 된다. 파리를 비롯해 여러 도시의 수도원과 대학을 전전하며 신학에 전념하지만, 그 어디에서도 속 시원한 해답을 얻지 못하고 공허한 논쟁만을 볼 뿐이었다. 하지만 뛰어난 논리학자였던 그는 파리 노트르담 대성당의 주교인 퓔베르의 눈에 들어 조카딸 엘로이즈의 가정교사 제의를 받는다. 바로 이것이 비극 또는 행복의 서막이었다. 아벨라르는 엘로이즈를 처음 본 순간 그만 사랑에 빠져버렸다. 성직자라는 위치도, 스무 살이나 되는 나이 차이도 아무 문제가 되지 않았다.

결국, 이들은 둘만의 서약으로 비밀 결혼을 하고 아들까지 낳게 된다. 그러나 이 시대에 수도사의 신분으로 육체적인 사랑을 한다는 것은 용서받지 못할 죄악이었다. 결국 아벨라르는 퓔베르에게 잡혀 남성을 거세당한 후 생드니 수도원으로 보내졌고, 엘로이즈는 수녀원에 가게 된다. 그러나 아벨라르는 여기서 굴하지 않고 그 이후의 남은 생을 수많은 저술과 학문 연구에 바쳤으며, 엘로이즈는 수녀원에서 새로운 공동체를 만들어 봉사하는 삶을 살았다. 그러던 중 아벨라르가 수도생활을 하며 쓴 서한체의 책 《나의 불행한 이야기》를 엘로이즈가 보게 된다. 엘로이즈는 이 책이 바로 자신에게 쓴 그의 마음이라는 것을 알아차렸다. 엘로이즈는 아벨라르에게 이에 답하는 편지를 보내고, 이들의 서신 왕래는 수년간 이어진다.

엘로이즈가 아벨라르에게.

만일 아우구스투스 황제가 전 세계의 지배자가 되어

내게 청혼하고 전 세계를 내게 주겠다고 해도
나는 황후가 되기보다는 당신의 창녀라 불리고 싶습니다.

황제가 청혼해도 진정한 사랑을 택해 그의 창녀라 불리고 싶다니……. 지금과 같은 과도한 물질의 시대에 얼마나 신선하게 들리는가. 이 사람들이 그저 사랑만 했다면 아마도 성직자의 타락 정도로만 기억되었을 테지만, 문제는 이들이 남긴 서신이 너무나 아름다운 인간의 본성을 노래하고 있었다는 것이다.

아벨라르는 아담과 이브가 지은 원죄의 개념을 비난하고, 인간의 모든 행위는 단순히 선과 악으로 양분할 수 없다고 주장했으며, 예수의 근본적인 목적은 인간들에게 모범을 보여 사랑을 깨우치는 것이라 했다. 그리고 인간 본성에 내재한 그 어떤 것도, 심지어 성욕까지도 죄악은 아니며, 신과 인간 사이에 놓인 에로스적인 사랑이 신에 가까이 가는 매개체의 역할을 한다고 했다. 육체적으로 맺을 수 없는 애틋한 마음을 서로 주고받다가 죽음으로써 하나가 된 두 사람은 현재 파리의 페르라셰즈 Pére Lachaise 묘지에 나란히 묻혀 있다.

18세기 계몽철학의 선구자인 루소는 이들의 이야기에 영감을 얻어, 인간의 자유에 대한 고찰인 《누벨 엘로이즈 Nouvelle Héloïse》라는 철학적 소설을 써서 당대에 베스트셀러가 되었다.

사상은 섹시하게,
삶은 자유롭게

프랑스적인 사랑은 18세기 로코코 시대에 절정을 이룬다. 이제 에덴의 금지된 사과는 지상에 주렁주렁 열려 있었다. 로코코라는 단어는 작은 돌조각이나 조가비를 뜻하는 '로카이유rocaille'에서 유래하는데, 실내 가구나 장식에 선과 주위를 둘러싼 윤곽들이 서로 얽혀 있는 스타일을 뜻한다. 즉, 로코코의 핵심은 여러 방향으로 소용돌이치는 불규칙하고 비대칭적인 밴드의 리듬이 만들어내는 장식 효과로, 건축, 회화, 장식미술 등 이 시기의 모든 예술 분야에 적용되었다. 그림의 주제도 엄중하고 무거운 것보다는 가벼운 꿈이나 시적인 내용으로 대체되기 시작했다. 서민을 교화할 목적에는 관심이 없었으므로, 귀족들 사이에서만 즐기던 멋진 파티와 귀부인들, 아름다운 궁중 여인들의 사랑 이야기들이 소재로 즐겨 채택되었다. 이 때문에 비너스나 에로스 같은 신화적 캐릭터들이 육감적이고도 발랄하고 신선한 구성으로 화폭에 섞여서 등장한다.

로코코 스타일은 보통 '매력적인 스타일'이라는 뜻으로도 쓰이는데, 프랑스어의 명사 '갈랑트리galanterie', 형용사로는 '갈랑galant'으로 표현됐다. 이는 신사의 상징으로 여겨지는 영국 남자의 젠틀함과는 그 뉘앙스가 다르다. 예를 들어 '일 레 갈랑Il est galant'이라 하면 영어의 젠틀gentle처럼 '그는 스마트하고 매력적이다'란 의미인데 여기에는 친절하고 매너 있을 뿐 아니라 '용감

프랑스인들에게 있어
사랑이란 인생의 모험 가운데 필수 불가결한 요소인 것 같다.

이들은 일시적 사랑을 모험과 같다고 한다.
탐험하고 즐기고 정복해야 할 그 무엇이라는 의미일까?

하고 능숙하게 여성을 다룬다'는 의미가 함축되어 있다. 즉, 카사노바처럼 여성을 즐겁게 하고 어떻게 다루어야 할지를 안다는 의미다. 이 시대의 궁정은 하나의 거대한 사랑 놀이터였다. 파트너를 바꾸어 춤을 추듯 온 궁정에 가볍게 사랑이 넘실댔다.

중세에서부터 죽음을 각오하고 탐닉해온 육체적 사랑의 영역 때문인지 프랑스인들은 사랑에 있어 육체를 제외하고는 생각하지 않는다. 넓은 대로의 횡단보도 가운데서 한 쌍의 연인이 열렬하게 포옹하고 키스를 한다 하더라도, 지나가는 차들 역시 그들의 사랑에 관대하다. 마치 영화의 한 장면 같지만 이런 모습이 조금씩 서울에까지 전염되고 있고, 파리에서는 어디에서나 흔히 볼 수 있는 일이다.

이런 육체적 사랑에 대한 정신과의 동일성 때문에 프랑스에서 사랑은 아주 밝다. 사랑에 당연히 육체가 포함되므로 도덕적인 이중 잣대가 없다는 말이다. 파리에는 성(性)이 지하에서 은밀히 거래되지 않고, 포르노 영화관이나 잡지도 길에 버젓이 간판을 달고 광고를 한다. 그래서인지 음습하고 더럽다기보다는 그 역시 하나의 문화 같다. 모든 것은 구매하는 사람의 선택일 뿐이다. 물론 인간의 윤리적 도덕적 한계를 넘는 사회의 암적인 존재란 어느 곳에나 존재하지만, 프랑스에서 건강한 남녀의 사랑이나 성적인 표현에 억압은 없다.

사상은 섹시하게,
삶은 자유롭게

20세기 초 프랑스의 문호이던 앙드레 지드는 육체라는 실존적인 존재에 대해 다음과 같이 자신의 생각을 말한다.

나는 육체에서 잘라낸 영혼을 믿지 않는다. 나의 육체와 영혼은 동일한 것이며, 육체의 생활이 이미 없어졌을 때에 양자는 함께 끝난다고 생각한다.

그래서인지 이들은 일시적 사랑을 모험과 같다고 한다. 탐험하고 즐기고 정복해야 할 그 무엇이라는 의미일까? 프랑스에서 친구들이 아방뛰르aventure, 즉 모험이라는 말을 일상에서 자주 써서 처음에는 단편적으로 웬 모험을 이렇게 자주들 떠나나 의아하게 생각했었다. 예를 들어 여행을 갔다 온 친구에게도 "모험했느냐?"라고 묻는 것이다. 처음엔 여행지에 가서 모험을 하나보다 생각했는데, 프랑스에서는 모험이라는 말이 일종의 사랑 경험을 말한다는 것을 한참 뒤에 알게 됐다. "모험했느냐?"라는 말은 우리식으로 표현하면 "뭐 좋은 일 없었어?" 정도인 것이다. 프랑스인들에게 있어 사랑이란 인생의 모험 가운데 필수불가결한 요소인 것 같다.

신뢰 사회를
만드는 교육의 힘

Éducation
교육

프랑스의 엄마들은 엄하다. 길바닥이나 마트에서 아이가 조금만 떼를 쓰거나 타인에게 피해를 주는 행위를 하면 가차 없이 응징한다. 무섭게 야단치는 것은 물론 뺨을 올려붙이는 것도 흔히 볼 수 있다. 만약 미국의 길거리에서 엄마가 이런다면 곧 경찰이 출두할 텐데 프랑스에서는 아무도 여기에 문제를 제기하지 않는다.

프랑스 부모들은 타인을 존중하는 공중도덕에 관한 한 아이와 절대 타협하지 않는다. 레스토랑에서 아이들이 식탁 사이로 뛰어다니는데 기죽일 수 있다고 그냥 둔다거나 마냥 사랑스러

사상은 섹시하게,
삶은 자유롭게

운 눈으로 지켜보고 있는 일 따위는 없다. 아주 어린아이들조차 어른과 함께 앉아 얌전히 두 손을 놀려가며 포크와 나이프질을 한다. 부모가 큰소리 한번 내는 것을 못 보았다. 참 인상적이었다. 너무 애어른 같지 않느냐고 반문할 수도 있지만, 세 살 버릇 여든까지 간다던 우리 조상들의 전통 교육 방식과 일맥상통한다. 하지만 이것도 가벼운 패밀리 레스토랑의 풍경이고 고급 레스토랑에는 아예 애들을 데리고 가지 않는다. 연주회에서 아이들을 금지하듯이 레스토랑에서 받아주지도 않는다.

아이 중심으로 사는 우리나라 가정에서는 어떻게 엄마가 저녁에 아이를 떼놓고 식사를 위한 부부만의 외출을 하느냐고 놀랄지도 모른다. 하지만 이는 우리식 관점일 뿐이다. 아이도 중요하지만 부부의 개인적 사생활도 중요하고, 비싼 돈 내고 분위기 잡으며 식사하기 위해 외출한 타인에게 피해를 주기 싫다고 생각하기 때문에 가능한 일이다.

또한 대부분의 프랑스 아이들은 고집을 부리며 떼를 쓰거나 어리광을 피우지 않는다. 도우미에게 아이들만 맡기고 부모가 외출하건, 성인용 방송시간대에는 TV를 금하건 순순히 받아들인다. 9시만 되면 잠자리로 가서 혼자 잠드는 아이들이 어찌나 신기하던지. 어느 것이 옳고 그름을 떠나 이런 아이들이 자라서 만들어진 나라가 프랑스라 생각하니 우리나라와는 많이 다른 것이 당연하다고 생각했다.

  한국 친구 중에 프랑스 남자와 결혼한 사람이 있다. 한국에서 살면서 이제 돌 지난 아이를 친정 부모에게 맡기다 보니 프랑스 사위와 한국인 장모 사이에 육아전쟁이 가끔 일어난단다. 프랑스 남편인 미카엘은 아이가 아무리 배가 고파 칭얼대도 정해진 시간이 되지 않으면 우유를 주지 않는다. 게다가 더 놀라운 것은 아이가 곤히 자고 있는데도 우유 줄 시간에 깨워서 먹이는 것이다. 이를 한국인 장모는 절대 이해를 못 한다고 한다. 프랑스물 좀 먹었다는 나도 안쓰러울 정도였으니 말이다. 미카엘의 생각은 간단명료했다. 아이에게 정확한 시간이 아닌 아무 때나 우유를 주어 버릇하면 그다음의 교육 단계에서 통제하기 어렵다는 것이다. 조금은 수긍이 갔다. 첫 단추에서 아이가 운다고 져버리면 그다음의 문제에서도 부모를 울음으로 이기려 할 수 있기 때문이다.

  프랑스인들의 육아는 규칙을 통한 절제력에 기반을 둔 듯했다. 바로 첫돌 때부터의 우유 먹이기 습관이 이들의 공중도덕에 대한 존중을 만들어낸 것이 아닌가 싶었다. 그리고 프랑스에 유학하던 시절 프랑스 친구들과 나 사이에 있던 차이가 비로소 이해가 됐다. 대학을 졸업하고도 아직 엄마나 아빠를 찾고, 집에서 돈을 타 쓰는 나를 그들은 이해하지 못했던 것이다.

가족마다 교육 방식에 약간의 차이는 있겠지만, 기본적인 프랑스 사회의 가정교육 분위기는 아이들에게 엄격하다. 설사 가정교육이 덜된 아이들이라도, 그다음 단계인 유치원이나 초등학교 교육 과정을 거치며 기본적인 공중도덕의 기초를 습득하게 되어 있다. 어린 나이에서부터 공동생활과 질서를 잡아주어야 자신을 절제할 줄 아는 훌륭한 시민을 만들 수 있다는 것이 이들의 교육 철학이기 때문이다. 그래서 아무리 못 배운 사람이라도 길에서 어깨를 부딪치면 사과를 하고, 문을 여닫을 때에는 서로 배려한다는 것이 몸에 배어 있는 것 같다.

이는 기를 죽여 창의력을 꺾는 것과는 차원이 다르다. 사회적인 절제력을 길러 성숙한 시민을 만드는 것이 목적인 것이다. 프랑스 사람들만큼 창의력이 있고 기가 넘쳐 활달하게 자기를 표현하는 민족을 못 봤다. 그래서 곰곰이 살펴보니 이는 계몽주의 시대부터 수백 년간 전통으로 자리 잡은 비판적이고 합리적인 사고와 감성을 조화롭게 발전시키는데 초점을 두는 체계적인 교육 시스템 덕분이라는 생각이 들었다.

유럽의 모든 나라가 그랬지만 중세에서부터 절대왕정 시대까지 서민은 교육의 기회가 없었다. 상위 5퍼센트의 귀족과 성직자만이 글을 읽고 권력을 누리며 나라를 통치했던 곳이 프랑스였다. 그러나 1789년 프랑스 대혁명과 평민 출신의 군인으로 전

프랑스 사회의 가정교육 분위기는
아이들에게 엄격하다.

공동생활과 질서를 잡아주는 것,
훌륭한 시민을 만든다는 것이 이들의 교육철학이다.

유럽의 황제로 군림했던 나폴레옹 시대를 거치면서 평민도 종교와 계급을 떠나 무상으로 초등학교 의무교육을 받는 시대가 열렸다.

프랑스에서 만 2~5세 아동을 대상으로 하는 유치원 교육 과정은 대부분 공립이면서 무상이지만, 의무교육은 아니다. 하지만 프랑스 여성들 대부분이 맞벌이를 하다 보니 유치원에 보낸다. 만 6세부터 5년제의 초등학교에 가는데 거의 90퍼센트가 공립학교 école publique로 급식비 조금만 내면 전액을 국가에서 지원한다. 사회 지도층들이 많이 선택하는 사립학교 école privée는 무상인 공립학교에 비해 학비가 비싸기는 하지만 천문학적인 금액은 아니고 이 역시 부모의 능력에 따라 차등으로 청구한다. 또한 공립이라 해서 교육의 질이 떨어지는 것은 아니다.

프랑스의 초등학교 교육 제도는 세계 최고를 자랑한다. 완벽한 프랑스어를 습득하고 문화를 누리는 방법을 배우며 심신을 단련하게 한다. 자유로운 토론 방식의 열린 교육이라 숙제도 거의 없다. 우리 아이들처럼 중간고사니 기말고사니, 1등이니 꼴등이니, 반장이나 회장 선거니 하는 것들로 시달리지 않는다. 간단한 쪽지시험이나 개인의 생각을 발전시킬 수 있는 숙제 등으로 아이들의 성취도를 측정하는 정도다. 그냥 즐겁게 학교에 다니며 놀면 되는 거다. 심지어 학교도 일주일에 4번 간다. 게다가

방학도 길다.

　모두에게 평등한 기회를 제공하는 다양한 과외활동은 프랑스 문화교육의 최강점인 것 같다. 프랑스의 학생들은 '학원'이라는 단어 자체를 모른다. 프랑스에는 아예 사교육이라는 단어가 없다.

　예체능도 사교육이나 학원을 통해 이루어지지 않는다. 한국처럼 많은 음악학원이나 미술학원이 존재하지 않는다. 국가와 지자체에서 전폭적으로 지원하는 이들의 과외활동 시스템은 부모들에게 전혀 부담이 없다. 한 달에 5만 원 정도면 누구나 과외활동으로 양질의 교육을 받을 수 있다. 초, 중, 고등학생들의 과외활동은 시나 지역사회의 특수학교들과 연계하여 스포츠와 예술 분야에 걸쳐 다양한 프로그램을 지원한다. 구청을 통해 신청할 수 있으며 수업이 끝난 오후나 학교 수업이 없는 수요일, 토요일을 이용해 특기학교에 다닌다.

　예를 들어 음악의 경우는 시에서 운영하는 콩세르바투아르에서 시간당 1만 5000원에서 2만 원 정도면 40분 정도의 개인교습과 주 1회 정도의 개인연습을 할 수 있다. 또 함께 오케스트라로 단체연습을 하기도 한다. 미술은 시립이나 도립 예술학교인 보자르Beaux-Arts에서 다양한 학습을 할 수 있다. 보자르의 교육내용을 보면 한국의 미술교육과는 전혀 다르다는 것을 알 수

사상은 섹시하게,
삶은 자유롭게

있다. 우리가 미대에 들어가기 위해 그렇게 노력을 기울이고 훈련하는 데생을 중요시하지 않는다는 것이다. 깜짝 놀랄 정도로 정밀하고 섬세한 한국 학생들의 데생을 프랑스 미대 교수들은 기계적이라고 판단한다. 이는 기술이지 창의력이 아니라는 말이다. 음악 역시 기교에 치우친 연주보다는 다소 서툴러도 음악을 느끼며 표현하는 사람에게 더 많은 점수를 준다.

 이들의 문화교육이란 악기를 배우거나 데생을 하는 것이 아니다. 우선 자신들이 물려받은 유산에 대해 제대로 알고 이를 누릴 수 있는 소양을 기르는 데 목표를 둔다. 선생님이나 보조 선생님과 함께 박물관이나 주변의 문화재를 방문하고 하나의 주제를 놓고 서로 이야기를 한다. 이러는 가운데 이들은 자신들의 문화유산에 대한 지식을 쌓으며 애착심을 키워가는 것이다. 알수록 보인다고, 창의력은 그냥 보면서 생각하고 자신의 의견을 키우다 보면 저절로 생기는 것이다. 문화를 즐길 수 있게 되면, 재능 있는 아이는 스스로 싹을 틔우게 되는 것이다.

 우리처럼 시간별로 아이를 학원 순회시켜 밤늦게 집에 돌아와 곯아떨어지게 하는 시스템에서는 창의력이 생기는 것이 아니라 오히려 주어진 학습을 피동적으로 집어넣을 뿐이다. 생각하거나 의문을 품을 시간과 여유가 없기 때문이다.

 프랑스에서는 정말 공부 안 하는 친구들도 방학 때가 되면 여행 갈 지역의 역사와 문화, 음식에 관한 책을 사서 꼼꼼히 읽고 공부하는 준비가 습관화되어 있는데, 그러한 습관이 시작되는 것이 바로 초등교육 때부터다. 더 많은 학원과 선행학습으로 시간을 채우고, 어쩌다 가는 여행도 부모들의 입맛에 맞추는 우리나라 학생들의 방학과는 다르다.

 프랑스의 청소년들은 진정한 자유를 즐긴다. 중·고등학교 시절은 여행과 연애, 다양한 스포츠와 취미활동 등으로 바쁘다. 시험과 대입준비에 찌든 한국의 중·고등학생과 비교하면 가슴이 먹먹해질 정도로 아름다운 청춘이다. 청소년기에 자유롭게 토론하는 교육 방식은 학생들의 상상력이나 사고를 억압하지 않아 창의력을 키워준다. 프랑스인들이 대중 앞에서 발표를 잘하고 자기 의견을 확실하게 표현하는 데에 능한 것은 이런 교육방식 덕분인 것 같다.

 중학교는 4년제로, 이때부터 자신의 인생에서 갈 방향을 선택해 중학교 졸업 국가자격증인 브르베Brevet를 준비하게 된다. 브르베는 크게 부담이 없는 국가시험이다. 웬만한 사람이라면 20점 만점에 10점을 못 받지는 않으니 말이다.

 고등학교는 3년제로, 그야말로 여기에서 인생이 확실히 갈린다. 대학에 진학하느냐, 기술학교에 가느냐, 아니면 그냥 고등학교 졸업하고 취업하느냐가 입학 때부터 정해진다. 대학은 우리

사상은 섹시하게,
삶은 자유롭게

창의력은 그냥 보면서 생각하고
자신의 의견을 키우다 보면 저절로 생기는 것이다.

문화를 즐길 수 있게 되면,
재능 있는 아이는 스스로 싹을 틔우게 된다.

나라의 수능 같은 대입자격 국가고시인 바칼로레아에 합격해야 갈 수 있다. 바칼로레아는 일반계와 기술계로 나뉘는데, 이때도 자식의 미래를 점수나 인기 직종에 따라 부모나 담임선생님이 좌지우지하는 일은 없다. 어려서부터 철저히 자신의 재능과 관심분야를 판단하고 결정하는 교육을 받아왔기 때문에 모든 것은 자신이 선택한다. 그리고 자신의 선택에는 반드시 책임이 따르는 것도 안다.

프랑스에서 가장 부러운 것 중에 하나가 이들의 대학입시제도인 바칼로레아Baccalauréat다. 수백 년을 내다보고 만든 이 대입제도는 200년 가까이 변함없이 유지되고 있다. 정권만 바뀌면 대입제도가 바뀌는 우리나라와 비교하니 부러움을 숨길 수 없다. 바칼로레아는 대학입학 자격시험이라 볼 수 있는데, 치열한 한국의 수능과는 달리 운전면허시험처럼 일정한 점수만 통과하면 된다. 그리고 대학이 전국적으로 평준화되어 있기 때문에 바칼로레아를 통과만 하면 점수에 상관없이 원하는 어떤 대학이든 자유롭게 갈 수 있다. 대학은 입학에 관대하고 졸업이 까다롭기 때문이다. 하지만 통과 시험이라 해도 그 수준을 무시할 수는 없다.

시험 문제를 보고 사실 조금 놀랐다. 4년제 대학에서 그것도 프랑스 문학을 전공한 내가 보아도 길게 써내려가기 어려운 논

술식 문제이기 때문이다. 이들의 교육 시스템 자체가 4지 선다형 교육이 아니라 철저한 토론과 분석·종합 위주의 교육이기 때문에 하나의 주제에 관한 자신의 의견이 가장 중요시된다.

바칼로레아 문제를 보고 나서 나는 프랑스에서 프랑스 문학을 공부하겠다고 유학 온 나의 미래를 정말 진지하게 고민했었다. 주입식 교육과 과외 수업에 익숙해진 내가, 뇌를 쓰는 방식 자체가 다른 이들과 과연 함께 공부할 수 있을지 막막했기 때문이다.

전부 국립인 프랑스의 대학은 유서 깊다. 중세 시대 소르본의 전신인 파리 대학은 신학과 철학으로 명성이 높았다. 하지만 1968년의 교육혁명 이후 소르본은 13개의 단과대학으로 분리되었고, 전국의 주요 도시에 있는 국립대학들도 완전히 평준화되었다. 바칼로레아를 통과했다는 증명만 있으면 기초학문에서 박사학위까지 자기와 전공이 맞는 학교에 원서를 내면 그냥 들어갈 수 있다. 하지만 쉬운 입학에 비해 졸업은 철저히 관리하는 나라가 바로 프랑스다. 학부 3년 동안 단 한 번의 낙제가 가능한데 다시 낙제하게 되면 바로 퇴학이다. 누구에게나 질 높은 교육의 기회를 주지만 공부를 안 하면 대학에 남을 필요가 없다는 주의다.

프랑스의 최고 고등교육기관 중 특이한 것이 바로 국립 그랑제콜이다. 순수학문을 위주로 하는 대학과는 달리 정치, 경제, 행정 분야의 엘리트 실무자를 양성하는 곳이다. 당연히 입학시험은 매우 어렵고 경쟁률도 세기 때문에 소수의 수재만이 들어갈 수 있다. 프랑스 정부의 고급 관리들은 대부분 그랑제콜 출신으로 이들은 인맥이나 학연을 중요시하며 자기들만의 리그를 형성한다. 5퍼센트의 귀족과 성직자가 나라를 이끌던 과거 절대왕정 시대처럼 소수의 엘리트그룹이 프랑스를 이끌고 있다. 사립 그랑제콜도 있는데, 주로 경영과 상업 실무자를 양성한다. 국립과는 달리 학비가 연간 수천만 원으로 매우 비싸므로 상류층의 자녀들이 아니면 다닐 수가 없다.

프랑스가 아무리 평등하고 개인주의적인 사회라고 하지만, 일단 그랑제콜에 다닌다고 하면 '아, 좀 있는 집 자식이구나' 하고 생각한다. 그래서인지 대학을 다니는 학생들과 그랑제콜을 다니는 학생들은 분위기뿐 아니라 그 정신부터가 확연히 다르다. 그랑제콜 출신들은 일종의 선민사상과 귀족적인 마인드를 지니고 있다. 민중의 힘으로 구체제를 무너뜨리고 현대사를 이끌어온 프랑스지만, 어쩔 수 없이 존재하는 '계급'은 인간 사회 어디서나 부정할 수 없다.

인간 사회이므로 부패도 어쩔 수 없이 존재한다. 하지만 국가의 교육 철학에 따라 자국민에게 드높은 자부심을 심어주고 각

사상은 섹시하게,
삶은 자유롭게

계의 감시 시스템을 발달시키면 이를 최소화할 수 있다. 신용사회를 만드는 것은 교육의 힘이다. 선민사상에 콧대높은 엘리트들이건 일반대학 출신의 관료이건 국가가 국민을 책임지고 더 많은 민중이 삶의 질을 향상시키는 시스템을 만드는 것이 목적인 교육, 그것이 그저 부러울 따름이다.

사랑의
완성 혹은 끝

Mariage
결혼

와인과 요리의 조합을 흔히 마리아주 mariage 라고 한다. 프랑스어로 '결혼'을 의미하는데, 이는 와인과 요리가 따로 있을 때는 50퍼센트밖에 그 빛을 내지 못하는데, 함께 만나게 되면 100퍼센트를 완성한다는 뜻으로 사용한다. 잘 만난 와인과 요리는 200퍼센트의 시너지 효과를 발휘해서 1만 원짜리 와인이 10만 원짜리와 같은 맛을 주는 기적을 일으키기도 하고, 5000원짜리 자장면이 사천요리 같은 황홀한 맛을 줄 경우도 있다. 반면에 잘못 만난 와인과 요리는 서로의 맛과 향을 눌러버려 혼자 있을 때 가지던 50퍼센트조차 내지 못하고 마이너스가 되어버리기도

사상은 섹시하게,
삶은 자유롭게

한다. 정말 결혼과 같다.

인간은 누구나 사랑하는 이와 함께 있고 싶어 한다. 그래서 안정적인 관계를 위해 수천 년에 걸쳐 결혼이라는 제도를 만들어왔다. 사랑이야 원시 사회에도 있었으리라 상상하지만, 결혼이라는 사회적 제도가 필요하게 된 것은 인간이 정착생활을 하면서부터였다. 원시 공동체에서 사냥물과 성까지 모든 것을 나누던 구석기 시대와는 달리, 신석기 시대부터의 정착생활은 인간에게 땅과 수확물에 대한 소유의 감정을 일깨웠다. 사유재산의 의미가 생긴다는 것은 친자 상속이라는 문제를 제기하기도 했다.

프랑스도 결혼이 의무이고, 여성들의 순결이 중요시되던 시대가 있었다. 귀족은 예외였지만 말이다. 귀족과 평민은 인격과 풍습, 사고방식, 모든 것이 달랐다. 한국의 경우 양반집 규수들에게 정절과 순결이 목숨보다 중요했던 것과 달리 결혼이 일종의 비즈니스였던 중세와 근세 유럽 귀족들의 결혼 풍습은 무시무시할 정도였다. 사진도 없던 그 시대에 일단 외모는 묻지도 따지지도 않았다. 그저 누가 '카더라'는 전달이나 미화된 초상화로 외모를 상상하는 수밖에 없었다.

국가나 가문 간의 정략결혼이다 보니 배우자가 죽으면 또 다른 비즈니스를 위해 두세 번 결혼하는 것도 예사였다. 여자가 열 살, 스무 살 많아도 크게 문제되지 않았다. 결혼은 동맹을 맺는 가장 확실한 방법이었고, 상속을 위해 자식만 공유할 뿐 함께 살지 않는 부부도 많았다. 과거에는 땅을 많이 가진 자가 권력과 부를 소유한 자였으므로, 결혼은 이를 늘려가는 재산 증식의 방편이었다. 간혹 외동딸과 외동아들이 결혼하여 아들을 낳으면 말 그대로 '대박'이었다. 양가의 땅을 합친 모든 재산을 물려받게 되기 때문이다. 현대는 '사랑과 결혼'이라는 낭만의 시대를 지나 어쩌면 모습만 바꾸었을 뿐 중세적 결혼관으로 되돌아가고 있는지도 모르겠다.

우리가 약혼자라는 말로 쓰는 피앙세fiancé는 프랑스어로, 결혼에 보석 반지의 역사를 연 전통을 가지고 있다. 중세까지 약혼에는 신랑이 신부에게 단순한 링으로된 반지를 끼워주었고 어떤 손가락이든 별 의미를 두지 않았다.

그런데 1477년 신성로마제국의 황제 막시밀리언 1세가 프랑스 부르고뉴의 마리 공녀와 약혼식을 거행할 때 다이아몬드 반지를 헌사하며 왼손 네 번째 손가락에 끼워주었다. 이때부터 이는 약혼이나 결혼반지의 전통이 되었다. 이 시대 약혼반지의 의미는 남자 가족 측에서 신부가 될 사람에게 빌려준다는 의미가 강했다. 어떤 연유이던 약혼기간을 잘 넘기지 못해 여자가 남자 가문의 식구가 되지 못하고 파혼을 하게 되면 약혼반지는 돌려

사상은 섹시하게,
삶은 자유롭게

주는 것이 관례였다.

지금이야 독신 대통령이 동거녀와 엘리제 궁에서 살다가 바람을 피워 동거녀를 차버려도 공인 아닌 개인의 사생활로 여기는 프랑스이지만, 수십 년 전만 해도 프랑스는 중세의 가톨릭 전통이 남아 있던 보수적인 사회였다.

오랜 약혼기간을 거쳐 결혼해야만 사회적, 종교적으로 그 자격을 인정받았던 것이다. 또한 결혼을 해야만 여자는 비로소 사회적 위치를 부여받았고 결혼한 여자가 미혼의 여자보다 사회적 위치가 높았을 정도였다. 하지만 현대의 프랑스를 보면 결혼이 실종되어가고 있는 것이 아닌가 싶을 정도로 하나의 선택이 되어버렸고, 피앙세라는 낭만적인 단어는 추억만을 간직하고 있을 뿐이다.

프랑스만큼 다양한 형태로 남녀가 공존하는 사회도 많지 않다. 미혼의 젊은 여성 장관이 미혼모가 되어도, 대통령이 동거하다 바람이 나도 치명적인 문제가 되지 않는다. 유교적 성향이 강한 우리나라 같으면 도덕성을 이유로 매장 당할 텐데 말이다. 워낙 남의 사생활에 관해 터치하지 않는 개인주의 사회이고, 사생활보다는 그 사람의 능력 위주로 평가하는 사회이기도 하지만, 그만큼 동거가 삶의 한 형태로 자리 잡고 있다는 말이기도 하다.

와인과 요리의 조합을 흔히 마리아주mariage,
즉 '결혼'을 의미한다.

와인과 요리가 함께 만나면
100퍼센트를 완성한다는 뜻으로,
결혼과 같다

유럽 대부분의 나라에서 혼전동거가 일상화되어 있지만, 그 가운데서도 프랑스가 유독 동거에 관대하다. 가정이라는 말이 결혼만으로 이루어지는 것이 아니고, 동거 역시 사회적으로 확실한 인정을 받는다. 여기에 한 술 더 떠 동성도 함께 산다는 증명만 있으면 일정한 법적 보장을 받는다. 20세기 프랑스의 유명한 인류학자였던 클로드 레비스트로스가 "가족이란 지속적이며 사회적으로 인정받은 결합에 기초하며, 다른 성의 두 개인이 가정을 이루어 아이들을 낳는 것"이라고 정의했던 것에서 이미 너무도 멀리 와버렸다. 이제는 같은 성 사이의 결혼이 거론되는 시점이기 때문이다.

이는 어찌 보면 다양성을 수용하는 자유의 나라 프랑스의 톨레랑스 같지만, 사실 그 뒤에는 철저한 개인주의가 숨어 있다. 결혼은 개인의 자유를 구속하는 면이 많다. 어디나 마찬가지지만, 결혼을 하고 자식을 낳아 기르는 과정은 자신에 관해 많은 것을 포기해야 한다는 뜻이다. 특히 여자의 경우 육아라는 부담은 아무리 국가 제도가 뒷받침해주어도 자기계발이나 사회적 커리어와 양립하기에 제약을 받을 수밖에 없다.

프랑스 여성들이 동거를 원하는 경우가 많은 이유가 남편 가족들과의 복잡한 관계나 가부장적인 권위에 속박당하지 않고 두 사람만의 자유로운 관계를 유지하고 싶기 때문이다. 결혼하지 않는 한 상대방 가족의 완벽한 일원이 아니기에 의무가 없고, 언제나 손님 대접을 받을 수 있으니 말이다. 프랑스 전체 인구 중 6명당 1명꼴로 독신이라니……. 이제 결혼 제도가 사라지고 동거가 그 자리를 차지하는 것이 아닌가 싶을 정도로 하향곡선이다. 얼마 전에는 결혼율이 증가하고 있다는 통계도 나왔었지만, 이는 동거를 하거나 아이를 낳은 후에 결혼한 경우나 재혼까지 포함한 수치이기 때문에 전통적인 선남선녀의 진정한 결혼이라는 의미의 통계와는 거리가 멀다.

그래서 현대의 프랑스는 '가족'이라는 의미 자체가 변화하고 있는 것 같다. 한국에서의 가족이란 친부모와 같은 핏줄로 이루어진 형제자매를 뜻하는 경우가 많은데, 프랑스에서는 재혼이 다반사이다 보니 피가 섞이지 않은 부모나 형제들이 함께 가족을 이루고 있는 집이 많다. 그래서 서로 소개를 할 때도 "나는 이쪽 엄마 딸이고 나는 저쪽 아빠 아들이고……" 하는 식이다.

또한 남녀 간의 교제에서 성적인 교류를 당연시하다 보니 이성친구의 집에서 함께 잔다든지 여행을 가는 것에 관해 불편해하는 부모는 없다. 오히려 잠자리를 만들어주고, 함부로 문을 연다든지 하는 일을 삼갈 정도다. 학생들이 대도시에서 자취할 경우에 이성친구와 함께 사는 경우도 많다. 오히려 우리나라처럼 동성친구끼리 좁은 아파트에 함께 살면 동성애자가 아닐까 의심하며 이상하게 여길 정도다.

프랑스어로 동거를 콩퀴비나주concubinage라 하는데, 콩퀴빈concubin이란 함께 잠자는 사람이라는 뜻이다. 원래 이 단어는 조롱하는 성격을 지닌 단어였고, 동거란 행실이 나쁜 여자들에게 해당하는 것이었다. 1981년까지도 결혼신고를 하지 않는 커플은 상대방이 죽은 후에 유산을 한 푼도 상속받지 못했다. 하지만 1968년의 학생혁명 이후 미혼 남녀들의 사고가 자유롭게 바뀌었고 동거가 늘어만 가자, 동거는 사회적인 인정을 받은 삶의 형태가 되었다. 그리고 점점 동거 커플이 늘며 자녀양육의 문제 등이 표면화되자 1999년 11월부터 아예 '팍스Pacs,'란 새로운 제도를 도입했다. 이는 좀 더 사회적, 법적 제한이 많은 결합 형태로, 결혼보다는 책임이 좀 덜 따르고 자유롭지만 동거보다는 좀 더 법적인 우산 아래에서 강한 유대를 형성하는 방식이다.

많은 커플이 팍스를 선택하고 있으며, 동거는 그렇지 않으나 팍스는 일정한 형식의 서류를 준비해 시청에 신고하게 되어 있다. 다시 말해 팍스는 계약서를 쓴 동거로, 결혼한 부부와 똑같은 법적 권리를 인정받아 사회보장, 납세, 임대계약, 채권채무 등에서 결혼과 똑같이 법적인 보호를 받으므로 안정적인 가정생활을 할 수 있다. 하지만 이혼할 때는 그 수속이 결혼보다 훨씬 더 간편하다. 동거의 경우는 법적인 절차를 밟지 않기 때문에 갈라설 경우에 몇 달 내로 처리되지만, 결혼은 이혼이라는 좀 더 복잡한 절차와 조정기간을 갖게 되고, 양육비나 재산 분할의 문제 등으로 소송하기도 한다. 팍스도 귀찮은 커플들은 그냥 동거를 하기도 하는데, 아이를 가질 경우 팍스로 돌아서는 경우가 많다.

20세기 이전에 동거란 종교적으로 지탄받아 사회적으로 매장되는 부도덕한 일이었다. 하지만 사실 동거는 아주 보수적이던 19세기 말부터 자유운동의 다양한 철학적, 정치적 흐름에 의해 주도되고 있었다. 특히 무정부주의자들은 결혼 제도를 거부했다. 20세기에는 다양한 남녀 간의 결합모델을 실험하며, 결혼만이 사랑하는 사람들의 안정을 보장해준다는 사고방식에서 완전히 벗어났다. 특히 수많은 예술가, 철학자, 작가들이 모여 데카당스Décadence, 19세기 후반 프랑스에서 시작된 퇴폐적 예술경향한 분위기를 이루던 파리는 보수적이고 목가적인 삶을 영위하던 프랑스의 시골과는 전혀 다른 분위기였다. 파리는 실험적인 정신을 가진 지성인들의 집합소였다.

파리의 20세기 초는 실험적이고 다양한 관계들이 생겨난 시기였다. 전 세계의 예술가, 문인, 디자이너, 사진작가들이 파리로 모여들었다. 전위적인 사상을 가진 사람들이 북적이는 자유의 도시 파리에서 새로운 관계들이 생기지 않을 수 없었다. 특

사상은 섹시하게,
삶은 자유롭게

히 파리 좌안의 리브 고슈는 진보적인 성향의 집합소였다. 그중에서도 가장 특별한 관계를 맺었던, 실존주의 철학자 장 폴 사르트르와 여류 소설가 시몬 드 보부아르를 빼놓을 수 없다. 이들은 50여 년을 함께한 동지이자 연인이자 부부였다.

 이들의 결합은 일종의 계약결혼으로 재산은 각각 독립적으로 관리하고, 서로가 애인이 있어도 간섭하지 않을 뿐 아니라 이에 대해 서로 속이지 않고 이야기하는 등 세세한 사항들을 계약으로 정한 후 결혼했다. 게다가 이들은 함께 살지 않고 서로의 아파트에서 생활하며 끝까지 연인으로서의 신비감을 지켰다. "사랑은 둘이 마주 보는 것이 아니라 둘이 함께 한 방향을 바라보는 것이다"라는 말을 몸소 실천한 것이다.

 결혼은 끊임없이 서로를 마주 보며 대립하게 한다. 하지만 결혼생활에서 잡다한 일상생활과 가족관계 같은 현실적인 문제를 제거하고 나니, 이들은 실존의 문제나 자유와 같은 철학과 정치, 문학 등을 주제로 끊임없이 토론하고 집필하며 인생을 한 방향에서 바라볼 수 있었다. 20세기 초 철학가와 저술가와 예술가들의 명소였던 카페 드 플로르의 주인은 다음과 같이 사르트르와의 만남을 회상한다.

 "1942년경 문을 열 때부터 정오까지 그리고 오후부터 폐점 때까지 플로르를 찾아오는 신사가 있었습니다. 그는 한 여성과 자

장 폴 사르트르와 시몬 드 보부아르는
50여 년을 함께한
동지이자 연인이자 부부였다.

"사랑은 둘이 마주 보는 것이 아니라
둘이 함께 한 방향을 바라보는 것이다"라는
말을 몸소 실천한 것이다.

주 왔습니다. 그들이 누군지 오랫동안 나는 몰랐습니다. 두 사람은 오후에는 2층으로 자리를 옮겨 언제나 방대한 자료를 펼치고 쉴 새 없이 글을 쓰는 모습이었습니다."

사르트르와 보부아르 외에도 특이한 커플은 초현실주의 화가 달리와 그의 아내 갈라였다. 달리는 스페인 출신이었지만 대부분의 생을 파리에서 보냈다. 그는 파리에 먼저 와 있던 피카소를 만나지만, 기질적으로 강한 개성을 가진 이들은 서로 다른 세계관으로 평행선을 그으면서 살게 된다. 하지만 디자이너 코코 샤넬, 막스 에른스트, 르네 마그리트, 폴 엘뤼아르, 앙드레 브르통 등과 같은 초현실주의 그룹들은 그의 활화산과 같이 타오르는 예술적 삶에 기름을 부어주었다.

그의 화려한 인생에 걸맞게 등장한 화려한 사랑의 주인공이 바로 갈라였다. 달리보다 10년이나 연상이었던 갈라는 달리에게 있어 여신이자 어머니, 연인, 누이, 그 모든 것이었다. 문제는 갈라가 시인 폴 엘뤼아르의 부인이었다는 것이다. 결혼한 상태의 몸으로 둘은 첫눈에 사랑에 빠져 동거에 들어간다. 20세기 초의 자유롭고 데카당스한 분위기의 파리가 아니었다면 있을 수 없는 일이었다.

더 이상한 것은 결혼한 상태의 갈라가 달리와 동거를 하는데도 남편인 엘뤼아르는 너무도 '쿨했다'는 것이다. 이혼도 하지 않앉다. 유아적이고 불안정한 성격의 달리는 갈라 덕분에 진정한 예술가로 재탄생했다 해도 과언이 아니다. 둘은 만난 지 수십 년 후 엘뤼아르가 사망하자 비로소 가톨릭이 인정하는 부부가 되었고, 갈라가 89세에 생을 마칠 때까지 진실로 사랑하며 산다.

그뿐 아니다. 베를렌느와 랭보는 또 어땠는가? 그들은 19세기에 공공연한 동성 커플로 온갖 스캔들을 일으킨 세기의 시인들이었고, 패션 디자이너 이브 생 로랑와 그의 사업 동반자인 피에르 역시 공인된 게이 커플이었다. 프랑스가 아무리 개인의 자유를 존중하고 관대한 사회라지만 부자연스러운 관계에 대한 사회의 시선은 어디나 존재한다. 프랑스에서도 남자에게 가장 큰 욕은 게이를 뜻하는 '페데 pédé'이다. 하지만 20세기 초의 파리는 아름답고도 유혹적이며 데카당스했다. 지금의 파리를 만든 모든 실험적 관계가 존재하기 시작한 시대였던 것이다.

점점 결혼 적령기가 올라가고 출생률이 줄어들고 있는 한국의 모습을 보면, 결혼이라는 제도 자체에 관해 다시금 생각해보게 된다. 인류가 정착생활을 시작한 이래로 가장 오래 지속해온 남녀 간의 결합인 이 제도는 과연 사랑의 완성인 걸까. 혹시 사랑의 끝은 아닐까?

인간은 사랑이라는 스트레스와 열정을 끝없이 가지고 살 수 없는 존재이기에 이에서 벗어나고 싶어서 결혼하는지도 모른다.

하지만 결혼은 인간 수명이 50년 정도에 불과해 환갑이 지나면 오래 살았다고 잔치를 하던 시대의 제도일 수도 있다. 인간 수명이 100년을 바라보고 50은 새로운 인생의 전환점이 되는 현대에도 과연 맞는 것일까? 법으로 인간이 한 사람과 거의 70~80년을 함께 살아야 하는 것이 과연 사랑의 완성인지, 인생의 안정인지에 의문을 갖게 된다. 다른 대안이 없어서 결혼이라는 제도를 습관적으로 지속해온 것은 아닌지 모르겠다.

사상은 섹시하게,
삶은 자유롭게

세련된 표현과
열정적 토론의 산실

Salon
살롱

우리에게 친숙하지만 좋지 않은 느낌을 주는 단어가 있다. 바로 살롱이다. 룸살롱이라는 단어로 우리에게는 부정적인 인상을 주고 있는 이 '살롱Salon'이라는 단어는 원래 프랑스어로 '거실'을 뜻한다. 이 거실이 영어의 방이라는 뜻의 '룸'과 합쳐져 이상한 말을 만들어낸 것이다. 그런데 살롱이라는 의미가 18, 19세기에는 프랑스 사교계의 중요한 역할을 담당했던 귀부인들의 아방궁을 의미했으니, 룸살롱이 아주 잘못 오역되어 들어온 것도 아니라는 생각이 든다. 프랑스나 한국이나 살롱은 완전히 여성적인 공간이자 여자가 주인인 곳이다. 손님을 맞는 집안의 여주인을 오테스Hôtesse, 영어로는 호스테스라고 하는데, 손님들 전체를 살피며 대화를 이끌어가고 그날의 파티를 주관하는 역할을 한다.

여성을 높이는 존칭어인 마담이나 오테스를 보면, 한국의 밤 문화에 프랑스어가 많이 쓰이고 있다는 것에 새삼 놀란다. 그 어원을 깊이 조사해본 적은 없지만, 아마도 과거 일제강점기 시대의 유물이 아닐까 추측해본다. 메이지 유신 이후 일본과 프랑스는 밀월 관계에 있었다 해도 과언이 아니다. 문호를 개방하고 나니 서로가 가진 이국적인 문화에 반해버린 것이다. 게다가 두 나라의 그 섬세하고도 탐미적인 기질은 서로 너무도 닮아 있었다. 푸치니의 〈나비부인〉이나 그 당시 고흐나 마네, 모네 등 19세기 인상파 화가들의 그림 속에는 일본이 들어 있다. 일본에도 당연히 프랑스의 문화는 물밀 듯이 밀려들어갔다. 이 과정에서 이런 기이한 언어를 낳았고, 그것이 우리나라에까지 영향을 준 듯하다. 어찌됐든 살롱은 말하기 좋아하고 자신의 지식을 뽐내고 싶은 지식인들이 모여드는 장소였다.

그러한 전통이 있어서인지 프랑스는 토론이 일상화되어 있다. 프랑스인들만큼 토론 좋아하는 사람들이 있을까 싶다. 지방자치정부의 작은 정책부터 나라의 큰일까지 모든 프로세스가 토론의 연속이다. 에펠탑을 지을 때나 루브르 궁전 앞의 피라미드

사상은 섹시하게,
삶은 자유롭게

를 지을 때, 파리에 맥도날드를 들여올 때 등의 주제를 가지고 프랑스 국민 전체가 들썩이며 토론을 하고, 지역사회에서는 작은 건물 하나를 복원하는 문제로 토론한다. 이런 토론문화가 일상화된 것이 바로 '살롱'이라는 문화 기반을 통해서였다.

17세기 후반부터 프랑스 곳곳에서는 '살롱'이라 불리는 일종의 클럽 같은 공간이 속속 들어섰다. 말 그대로 고급 주택의 응접실에서 초대객들을 맞는 공간이었다. 이는 대부분 귀부인들이 주도했다. 사교계의 유명한 귀부인들이자 지식까지 겸비한 이 신여성들은 학자들을 집으로 초대해 다양한 주제로 모임을 만들었고 그 재치와 기호, 우아함 등으로 살롱에서 역사를 만들어갔다. 그녀들은 살롱을 운영하기 위해 정장을 차려입은 시종들을 고용하고, 초대객들에게 음료나 책 등을 제공했다.

살롱마다 선호하는 주제가 있었고, 그 주제는 시사에서부터 철학, 문학, 도덕 등 다양했다. 그 주제나 살롱의 주인이나 분위기에 따라 인기가 있는 곳이 있었다. 뭐, 현대적으로 쉽게 이야기하면 동호회라고 해도 좋다. 어떤 귀부인은 문학을 좋아하고, 어떤 귀부인은 예술적인 주제를 좋아했다. 어찌되었건 이 시대의 분위기는 지성인들이 정기적으로 모이는 사교 모임이 상류사회의 주축을 이루었다는 것이다. 살롱은 철저하게 초대로만 사람을 모았다. 즉 일종의 회원제 클럽 같은 분위기라 할까? 게다가 토론과 대화를 진행하기 위해 철학자들에게 돈을 지불했고, 토론을 위한 패널들을 불러 모았으며, 책이나 예술작품 등을 소개했다. 이러한 살롱문화로부터 프랑스인들의 대화 습관이 발전되어왔다. 프랑스 사회의 특징적인 대화의 기술이 이때부터 연마되기 시작한 것이다. 특히 기지와 재치, 유머 등 현대 프랑스인들에게서 느낄 수 있는 다양한 대화의 기술은 바로 이 살롱문화의 전통이 만들어낸 것이다.

최초로 '살롱'이라는 간판을 내건 곳은 랑부예 후작 부인의 '파란 방'이었다. 어린 나이에 결혼한 그녀는 파리에서 생활하며 건강도 좋지 않은데다 궁정의 풍속에 염증을 느껴 자신의 저택에 칩거했다. 그러고는 자기 집으로 마음이 맞는 사람들을 끌어 모으기로 한다. 감각이 뛰어났던 그녀는 자신의 저택을 아름답게 개조한다. 자신이 직접 설계하고 디자인한 이 인테리어는 당대에 프랑스에서 아주 새로운 디자인이었다고 한다. 방을 연속적으로 배치하고 거실에는 마루에서부터 천장까지 큰 창을 내었다. 정권의 실세이자 이탈리아 출신 왕비이던 마리 드 메디치가 파리 팡테옹 맞은편 룩셈부르크 성의 개조를 그녀에게 자문했을 정도였다. 현재 파리의 팔레 로얄 Palais-Royal 자리에 있던 랑부예 저택은 곧 많은 사람을 끌어 모았다. 크리스털 화병으로 장식된 그녀의 푸른 방은 아름다운 꽃으로 장식되어 있었고, 곧 유명해졌다. 이 살롱에서의 대화는 섬세하고 세련되었으며, 가끔은 연극이나 음악을 공연하기도 하고, 새로 나온 책들에 관해 토론하기도 했다. 이곳에서 귀족들은 취미와 예절, 그리고 이국 문화를 논했다. 당대의 내로라하는 엘리트, 사교계의 총아들, 우아하고 멋진 신사들, 그리고 궁정의 암투에 질려버린 사람들이 파란 방에 모였다.

당시 이곳에 드나들었던 문학가나 예술가들은 극도로 세련되고 우아해서, 여기에 모인 사람들은 말 한마디라도 고급스럽고 멋지게 표현하려고 엄청난 노력을 퍼부었다. 이는 프랑스어를 정확하게 사용하고 개선하는 데 많은 영향을 주었지만, 당시의 몰리에르 같은 유명한 극작가는 이 살롱을 드나들던 사람들의 너무도 과도한 정확성과 표현을 비꼬기도 했다. 랑부예 부인의 살롱은 예외적으로 여성들에게도 널리 개방했다. 다른 살롱들에 남성들이 주로 드나들었던 것과는 대조적이었다. 그래서 여성들이 널리 식견을 넓히고 지적인 발전을 하는 데도 영향을 주었다.

18세기 초 루이 14세가 정권을 잡아 프랑스 절대왕권을 확립하고 귀족과 군대를 통솔하며 철권을 휘두르면서, '살롱'이라는 이름을 내건 지적인 사교 클럽이 확고하게 프랑스의 전통을 만들기 시작했다. 물론 이탈리아의 르네상스 시대부터 도시국가의 왕실마다 당대의 유명한 인문학자들과 예술가들을 불러들여 모

프랑스는 토론이 일상화되어 있는 나라다.

에펠탑을 지을 때나 루브르 궁전 앞의
피라미드를 지을 때,
파리에 맥도날드를 들여올 때 등
국민 전체가 들썩이며 토론을 한다.

임을 갖고 후원하는 문화가 시작되었고, 프랑스도 그 영향을 많이 받았지만, 아직 그 시대는 여성 엘리트들의 풀pool이 사회적인 영향력을 행사할 만큼 형성되지 못했다. 하지만 루이 14세가 집권을 하며 프랑스라는 나라의 패러다임 자체가 바뀌었다. 수많은 귀족이 지방의 자기 영지를 팔아치우고 베르사유 궁으로 모여들자 문화의 흐름이 바뀐 것이다. 다들 경쟁적으로 우아하게 행동하려는 욕구가 생기고 라이프스타일도 변했다. 왕궁의 아름다운 왕비와 공작 부인, 백작 부인들은 그 시대 유럽의 연예계, 예술계, 패션계 그 자체였다.

  루이 15세의 애첩이었던 퐁파두르 공작 부인이나 루이 16세의 왕비였던 마리 앙투아네트 등은 지금 시대에 태어나도 손색없는 진정한 트렌드세터trend setter였다. 궁정의 문화를 주도하고 조금이라도 더 영향력 있는 사람들을 자신의 주변에 모으기 위해 호스테스로서 모임이나 만찬을 주관했고, 이는 곧 전통이 되었다. 궁정의 젊은 귀부인들이나 왕의 후궁들이 드나드는 살롱은 곧 그 시대의 엘리트나 상류층 인사들을 불러 모았다. 특히 퐁파두르 공작 부인은 왕의 성은을 입고 있었지만, 아이러니하게도 혁명의 밑거름이 되었던 계몽사상에 관심을 두기도 했다. 권력의 핵심에까지 도달했지만 귀족 출신은 아니었던 그녀의 의식 깊은 곳에 진보적 좌파의 성향이 남아 있었을지도 모른다. 그녀는 새로운 시대를 열어가던 장 자크 루소, 볼테르, 《백과전서》를 편찬한 디드로 등과 교류하며 그들을 보호했다.

게다가 파리로 망명해온 카사노바도 퐁파두르의 눈에 들어 파리의 사교계에서 명성을 떨치고 국왕까지 알현했다. 방탕했던 카사노바는 베네치아 총독의 상속녀의 마음을 빼앗고, 수녀와도 양다리 애정행각을 벌이다 괘씸죄에 걸려들었다. 권력자들에 의해 정치범으로 몰린 그는 한 번 들어가면 다시는 나올 수 없는 감옥에 수감되지만, 가까스로 탈옥하여 파리로 도망쳤다. 그리고 살롱문화가 꽃피고 있었던 파리의 사교계에서 유혹의 마술사 카사노바는 물 만난 고기와 같았다. 이탈리아인인 그가 말년에 자서전을 모국어가 아닌 프랑스어로 썼던 것도 이해가 간다.

18세기 후반이 되며 살롱은 지식인들의 쉼터이자 새로운 철학과 문학이 발아하는 토양으로서 그 역할이 더욱 강해졌다. 귀족이 몰락하고 자본가인 부르주아 계급이 새로운 권력층으로 떠오르자 파리의 젊은이들은 성공을 위해 양자택일의 기로에 서 있었다. 물려받은 재산이 많은 귀족 계층은 기존의 부를 잘 지키면 되었지만, 몰락한 귀족 집안 자제나 가진 것 없는 평민 자손들은 사업가나 전문직으로 부를 축적하여 부르주아 계급에 들어가야 했던 것이다. 하지만 이 역시 누구에게나 열린 길은 아니었다. 지금도 그렇지만 뛰어나게 공부를 잘하거나 똑똑해야 했으니 말이다. 게다가 늙을 때까지 죽어라 일해야 겨우 도달할 수 있는, 시간도 오래 걸리는 길이었다.

그래서 어떤 계층에 확고하게 속하지 못한 실력 있는 엘리트들은 '지름길'을 선택하곤 했다. 바로 사교계였다. 아름다운 귀부인들과 상류층 인사들이 모이는 살롱이야말로 그들이 더 높은 곳으로 진출할 수 있는 최고의 발판이 되었다. 재력과 인맥을 가진 귀부인의 눈에 드는 것이야말로 미래와 성공을 보장하는 길이었으니, 어찌 보면 일종의 고급 '제비'라 해도 좋다.

살롱에 참석해 대화에 끼어들기 위해서는 역사와 문화 등에 관한 식견이 필수적이었다. 이러한 지식의 교류와 토론 분위기는 휴머니즘의 발전과 여론의 형성에도 기여했다. 라 로슈코프, 볼테르, 디드로와 같은 당대의 내로라하는 작가나 철학가 등은 살롱문화가 키워낸 총아들이었다. 살롱은 우파적인 지적 기반과 좌파적인 지적 기반 양쪽에 모두 영향을 주었으며, 살롱문화로부터 정부의 공식 기관인 프랑스 학술원 Académie Française이나 왕립 학술원 Académie Royale이 설립되었다. 또한 이들의 다양한 토론 주제는 프랑스 혁명이 일어나는 지적 기반을 마련하게 된다. 부패한 왕정에 대한 불만을 혁명이라는 시대정신으로 구체화한 것도 살롱의 토론문화였고, 나폴레옹의 왕정복고를 가장 적극적으로 비판했던 마담 스탈은 당대에 가장 유명한 살롱의 안주인이었다. 계몽주의 시대를 연 것은 문학 살롱이었다 해도 과언이 아니다.

근대 들어서도 프랑스의 이런 지적 분위기는 계속된다. 19세기 말부터 유행한 파리의 카페들은 바로 이 살롱의 후예들이었다. 19세기의 빅토르 위고나 발자크, 알렉상드르 뒤마와 같은 문학가나 들라크루아 같은 화가들도 살롱을 중심으로 모여 교류했다. 제3공화국 시대인 20세기 초반에도 파리에는 많은 문학 살롱이 있어 마르셀 프루스트나 모파상 같은 문학가들이 드나들었다. 이 시기 우리가 알고 있는 대부분 문인과 예술가들은 살롱이 키워냈다고 해도 과언이 아니었다. 산업혁명과 미국 문화의 유입, 세계대전 등 20세기가 되며 삶의 패러다임이 범지구적으로 바뀌기 전까지 살롱은 프랑스의 지성사를 이끌던 원동력이었다. 이후 인간이 자본을 지배하는 것이 아니라 자본이 인류를 지배하는 세계가 되며 카페라는 대중을 끌어들이는 새로운 포럼이 이 역할을 대신하게 된 것이다.

최고의 프랑스를 꿈꾸었던 샤를 드골 전 대통령이 "나는 프랑스는 사랑하나, 프랑스인들은 싫어한다"라고 말한 이유를 나는 100퍼센트 이해하고 공감한다. 바로 프랑스인들의 토론문화 때문이다. 프랑스인들은 국민 하나하나가 자기의 의견을 끝까지

사상은 섹시하게,
삶은 자유롭게

19세기 말부터 유행한 파리의 카페들은
바로 살롱의 후예들이었다.

빅토르 위고 같은 문학가 등
대부분의 예술가들은
살롱이 키워냈다고 해도 과언이 아니었다.

주장한다. 도무지 프랑스 사람들과 말싸움을 해서 이길 수가 없다. 그들의 문화는 사랑하지만, 하나의 주제를 놓고 토론을 하다 보면 나처럼 토론문화에 익숙하지 않고, 좋은 게 좋다며 슬쩍 대세에 얹혀가는 걸 먼저 배우는 문화에서 온 사람은 이길 재간이 없다. 아니, 이기기는커녕 끼어들 여지조차 없다. 그래서 타인에게 침묵으로 예절을 갖추고 자기에게 맞지 않아도 그냥 참고 감내하는 우리의 방식은 프랑스 사회 안에서는 별 의미를 갖지 못하는 경우가 많다.

프랑스에서는 좋으면 좋고, 싫으면 싫다고 적극적으로 표현해야 대접받는다는 것을 깨달았을 때는 이미 수년이 훌쩍 지나 이 말 많은 사회에 넌덜머리가 난 후였다. 이들은 이기기 위해 토론하는 것이 아니라 즐기기 위해 한다. 여기에 톨레랑스라는 독특한 사고방식이 결합하여 서로를 상처주거나 무시하지 않고 끝없는 평행선의 대화를 지속한다. 이런 '말발'은 하루아침에 이루어진 것이 아니라 오랜 인문학적 소양과 대화의 기술이 뼛속에 각인되어 있기 때문이다. 오랜 세월 동안 사회 자체가 그런 분위기에서 형성되고, 이것이 교육에 반영되어 사회의 바탕이 되어 있기 때문에 가능한 것이다.

사상은 섹시하게,
삶은 자유롭게

가식과 신비의
페르소나

Etiquette
에티켓

프랑스 할아버지들은 길에서도 아는 여성을 만나면 존중의 의미로 모자를 벗어들고 깍듯하게 "Madame" 하고 인사를 먼저 한다. 에티켓이 확실하다. 우리가 일상에서 많이 쓰고 있는 프랑스 용어 중 하나가 바로 이 에티켓이다. 이는 사회의 다양한 상황에 따른 행동 규범으로 예의나 처세술 등을 말한다. 우리는 그냥 예의범절과 혼용해 쓰지만, 프랑스어에서 에티켓은 다양한 의미를 지닌다. 인간관계의 상식선인 예절에서 좀 더 가식적인 행동인 처세술까지를 포함하는 것이다. "예의와 처세술의 심리적 동기는 같다"라고 하는 사회학자들의 말이 이해가 된다. 예의나 처세 모두 일종의 사회적 가면을 쓰고 남을 존중함으로써 자신도 존중받고 결국은 관계를 매끄럽게 하는 역할을 하기 때문이다.

또한 에티켓은 옷이나 와인 병에 붙이는 상표나 라벨이라는 의미도 있다. 이렇게 한 단어에 다양한 의미가 담긴 것은 에티켓이 17세기 절대왕정의 화려한 왕궁 '베르사유'라는 한곳에서 탄생했기 때문이다.

프랑스를 빛낸 왕인 루이 14세는 파란만장한 유년 시절을 보냈다. 어린 시절에는 당시 권세를 잡고 있던 지방 귀족들에게 쫓겨나 피난 생활을 했던 경험이 있고, 왕위에 올라서도 오래도록 이탈리아 출신 어머니의 수렴청정을 받았다. 성인이 되어 드디어 왕권을 온전히 거머쥐게 된 루이 14세는 어머니의 세력인 이탈리아인을 축출하고, 지방 귀족 세력들 또한 완전히 말살하는 강력한 정책을 쓴다. 부르봉 절대왕정이 확립된 것이다.

그는 좋은 추억이라고는 없는 파리를 떠나 남서쪽으로 30킬로미터 떨어져 있는 작은 도시 베르사유에 아무도 침범할 수 없는 권력의 상징으로 베르사유 궁을 축조하기 시작했다. 광활하고 아름다운 성을 짓고 온갖 향락과 파티, 문화의 왕국을 건설한 것이다. 이 도시는 원래 루이 14세의 할아버지였던 루이 13세의 사냥터로 쓰이던 곳이다. 그는 자신의 왕권 강화를 위해 전 프랑스의 힘 있는 귀족들을 베르사유로 불러들였다. 베르사유는 마약과도 같은 곳이었다. 지방의 우중충한 중세적인 성에 살던 귀족들은 한번 베르사유의 맛을 보면 빠져나갈 수 없었다. 꿈같은 무도회와 발레, 연극, 오페라 공연……. 이들의 하루하루는 열정과 욕망으로 불사르는 밤의 연속이었기 때문이다.

게다가 머리가 비상하고 카리스마가 있었던 루이 14세는 교묘하게 귀족들을 조종했다. 권력 주변에 있는 인간의 마음을 읽을 줄 아는 능력이 있었던 것이다. 그곳을 드나드는 귀족들은 왕을 한 번이라도 더 보기 위해, 그와 좀 더 가까운 측근이 되지 못해 안달하게 되었다. 국왕의 주변에 가까이 머물수록 세련된 문화생활과 파티 등의 기회를 얻게 되고, 이런 향락은 곧 일종의 중독현상을 일으켰기 때문이다. 국왕에게서 멀리 있을수록 소외당하는 분위기로 인해 지방 귀족들은 너도나도 넓은 성과 영지를 정리하고 베르사유로 몰려들어 작은 아파트에 기거하며 왕 주변을 맴돌았다. 결국 베르사유 자체가 하나의 거대한 놀이공원이 되었다. 많은 사람은 이런 광란의 베르사유를 비난하기도 하지만 사실 현대 프랑스의 진정한 라이프스타일인 문화와 요리, 패션, 플라워 데코레이션은 이때부터 시작했다. 이런 점에서 루이 14세의 베르사유는 유럽 문화 발전에 기여한 바가 이탈리아 르네상스에 버금간다고 본다.

그런데 날고 기는 귀족들이 베르사유라는 작은 마을에 떼거리로 모여 살다 보니, 그 사이에 서열과 예법을 다스리는 일이 필요했다. 지방의 자기 영지에서 살 때에는 별다른 교류도 없었고, 장원 사회라는 것이 폐쇄적이고 정체되어 있어 상대방에게 특별히 잘 보이거나 예의를 지킬 필요가 없었다. 게다가 영주들은 자신이 가지고 있는 땅덩이의 크기로 이미 서열이 정해져 있었다. 하지만 모두가 모여 북적거리는 도시에서는 이야기가 달랐다. 다양한 인간상이 모여 이해집단을 이루다 보니 서로 다른 계층 사이의 행동 규범이 필요하게 된 것이다. 타인에게 감정을 있는 대로 거칠게 내보이면 손해를 보게 되므로, 절제하고 배려하는 사회성, 즉 예의범절이 필요하게 되었다는 말이다. 우리나라에도 궁중 예법이 있듯이 몸가짐을 다스리는 예법이 시간이 지날수록 발달할 수밖에 없었다. 이 과정에서 생겨난 것이 바로 에티켓이다.

   에티켓의 어원은 옛 프랑스어인 에스티키에estiquier로, '붙이다'라는 의미를 가지고 있다. 이것이 에티켓이 된 이유는 예법이 궁정에서 각종 푯말을 '붙이는' 데서부터 시작되었기 때문이다. 우선 크고 작은 귀족들이 하도 많은 연회를 열고 모임을 하다 보니 서열을 가려 자리에 순서를 매길 필요가 있었다. 높은 순서대로 국왕과 가까운 곳에 자리를 배치하여 서열을 매기고 각각의 자리에 푯말을 붙였는데, 이를 에티켓이라 하였다. 또 지금 생각하면 어이없는 일이지만, 베르사유에는 화장실이 없었다. 그래서 궁정에 들어오는 사람들은 개인용 요강을 지참하고 다니거나, 숲에 가서 대충 볼일을 보는 것이 관례였다. 하지만 파티를 하다 바쁘거나 술에 취하면 멀리 나가지 않고 예쁘게 꾸며놓은 화단으로 들어가 실례하는 인간들이 많았다. 그래서 화단에 들어가지 말라고 엄중하게 붙여놓은 푯말 또한 에티켓이라고 했다. 이러다 보니 인간 사이에 일어나는 행동에 지침을 만드는 각종 예절을 에티켓이라 하게 된 것이다. 서로 달라 보이는 의미들이 한 단어에 모여 있는 것이 이해가 간다. 정리하자면 '자신을 타인에게 보여주는 일종의 얼굴'을 통틀어 에티켓이라고 한 것이다.

이렇게 시작된 서열 가리기나 금지조항들은 프랑스의 독특한 궁중문화로 발전했다. 이는 왕의 의례적인 일상생활부터 궁중인의 몸가짐, 태도, 화술, 패션 등 그 시대 문화의 총체가 되었다. 왕이 옷을 입는 순서부터 잠자고 먹고 화장실 가는 것까지 모두 규칙하에 행해졌다. 다소 무거웠던 루이 14세 시대 이후, 루이 15세와 16세를 지나며 프랑스 궁중은 부드럽고 여성적인 로코코 예술의 시대를 연다. 화려한 프랑스 귀부인들의 생활양식은 전 유럽 및 러시아의 귀족들에게 도입되었고 귀족들 사이의 꾸민 듯한 태도와 겉치레, 거기에 자신의 학식이나 견문을 교묘

에티켓은 17세기 절대왕정의 화려한 왕궁
'베르사유'에서 탄생했다.
서로 다른 계층 사이의 행동 규범이 필요하게 되었고,
절제하고 배려하는 사회성,
즉 예의범절이 필요하게 되었다.

하게 포장하여 뽐내는 우아한 말투 등은 이 시대 유럽 귀족사회의 독특한 문화로 자리 잡았다. 18세기가 되어 궁중을 방문하는 외국 대사의 순위와 예식, 절차, 궁중에서의 법칙 등을 간단히 적어 놓은 카드도 발전되었는데, 이를 에스티케estiquet라고 했다.

에티켓의 근원이 된 궁정 사회의 기원을 좀 더 따라 올라가다 보면 르네상스 시대 이탈리아의 인문주의자이자 외교관이던 발다사레 카스틸리오네를 만나게 된다. 카스틸리오네는 당시 이탈리아의 작은 공국이던 우르비노의 궁정에서 생활하며 신사와 귀부인들이 지켜야할 이상적인 몸가짐과 덕목에 관해 《궁정인》이라는 책을 저술했다. 이후 서유럽이 점차 절대왕정으로 안정되어 가고 궁중문화가 발달하면서 《궁정인》은 귀족이면 누구나 읽어야 할 일종의 자기계발서로 베스트셀러가 되었다.

14~16세기의 이탈리아는 작은 소공국으로 나뉘어 정치적으로는 바람 잘 날 없는 이합집산의 도가니였지만, 이 와중에 찬란한 문화를 꽃피웠다. 르네상스의 토양을 마련한 것은 궁정이었다. 이탈리아의 세련된 르네상스 문화가 없었으면 현재의 서양이 주도하는 문명은 존재하지 않았고, 세계사의 판도도 많이 달라졌을지도 모른다. 이탈리아의 궁정문화는 당시의 휴머니즘과 예술 후원의 분위기, 새로운 것에 대한 열망 등이 어우러져 심

미주의적인 섬세함과 자연스러운 면이 강했다. 이를 전쟁과 정략결혼을 통해 빨대로 빨듯이 빨아들여 자신의 문화 토대로 만든 것이 바로 프랑스였다.

땅덩어리 크고 정치적, 군사적으로는 점점 힘을 다져가지만, 문화적으로는 미개했던 프랑스가 전쟁도 모자라 이탈리아 메디치 가 출신의 왕비를 2대에 걸쳐 데려오고, 그 후손으로 문화적 소양이 완성된 왕들이 권좌에 오르면서 프랑스는 일본의 메이지 유신에 버금가는 문화적 충격에 휩싸였다. 이때부터 프랑스 궁중은 이탈리아인이 쓴 《궁정인》을 따라 신사로서의 몸가짐을 익히는데 '올인'하는 분위기였다.

유럽 사회가 복잡해지자 국가 간에도 에티켓이 필요하게 되었다. 왕정 시절에는 힘 있는 자가 전쟁으로 나라를 빼앗는 것이 다반사이던 유럽 사회가 차차 민족국가의 틀을 잡아가면서 외교관계가 복잡해진 것이다. 그래서 국제관계에 필요한 관행, 관습을 문서로 만들기 시작했고, 그것이 바로 '의전protocole'이다. 이전까지는 이런 규칙이 없어 많은 혼란이 있었다고 한다.

예를 들어 파리의 좁은 길거리에서 스페인 외교관과 영국 외교관의 마차가 마주치면 누가 먼저 길을 비키느냐를 놓고 칼부림까지 났다고 하니 말이다. 별것 아닌 거 같지만, 나라의 자존심이 걸린 문제이니 쉽게 양보하기 어려웠을 것이다. 그래서

19세기에 그 이전 시대부터 궁중에서 정리해온 에티켓의 용례를 뽑아와 국제간의 외교관례로 정해놓았다. 의전이 잘못되면 외교관계에 큰 차질이 생기기 때문이다. 훗날 프랑스 대혁명으로 무너진 에티켓은 나폴레옹이 다시 재정비했고, 영국에서 빅토리아 여왕 시대에 집대성해서 오늘날의 외교 및 국가의 의전으로 자리 잡았다.

16세기 중반부터 이탈리아가 문화적 빛을 잃고 프랑스가 유럽의 전면에 떠오르면서 17, 18세기의 궁정인은 자연스러움을 잃고 사회적인 가면을 얼굴에 두껍게 쓰게 된다. 위선과 가면 쓴 예절, 세속적이고 화려한 귀족 사회의 처세술savoir vivre이 꽃을 핀 것이다. 에티켓과 매너, 의전을 통해 정치적인 유희가 이루어져간 점도 특기할 만하다. 이 시대의 궁정이란 현대의 미디어처럼 그 시대의 온갖 아름답고 잘난 사람들이 모인 무대였고, 권력을 향해 해바라기가 되는 부나비들의 무한 경쟁 지대였다. 문화 시장이 형성되지 않았던 이 시대에는 궁정만이 문화를 소비하는 사회였기 때문이다. 그래서 궁정문화는 귀족들만의 유희라는 비난을 받으면서도, 예술의 토양을 마련한 생산자로서 인정을 받는 이중성을 가진다.

베르사유의 일상은 매일 대중 앞에서 하는 장엄한 연극에 지나지 않았다. 마치 교회의 미사가 장엄한 의식으로 대중을 압도

사상은 섹시하게,
삶은 자유롭게

16세기 중반부터 프랑스 궁정인은 자연스러움을 잃고
사회적인 가면을 얼굴에 두껍게 쓰게 된다.

귀족들만의 유희라는 비난을 받으면서도,
예술의 토양을 마련한 생산자로서
인정받는 이중성을 가진다.

하며 그곳에 신이 있는 듯한 환상을 주는 것과도 비슷했다. 왕의 일거수일투족은 오라$_{aura}$를 씌운 일종의 연기였고 신비주의 마케팅이었던 것이다. 왕뿐 아니라 왕가의 모든 일상생활이 아침에 눈 뜨는 시각부터 취침하기까지 단 1분의 개인생활도 없는 의전이었다. 그 당시 베르사유에는 전국 각지에서 모여든 귀족 500여 명이 함께 생활하고 있었는데, 왕과 그 가족들의 일상은 그들 앞에 그대로 노출되어 있었다.

지금도 베르사유에 가면 놀라는 일이 왕의 방이건, 왕비의 방이건, 서재건 독립되어 완전히 막힌 공간이 거의 없다는 사실이다. 침실조차 벽이 없이 그냥 복도로 연결된 것이 특징이다. 그 안에서 왕의 모든 정사와 생리적인 현상까지도 볼거리가 되었던 엽기적인 곳이 바로 베르사유였다. 이 바닥에서 살아남기 위해서는 역겹고 더러워도 아름다운 척, 싫어도 좋은 척, 포장하고 연기할 수밖에 없다. 어설프게 자신을 있는 그대로 드러낸다는 것은 곧 표적이 되어 물어뜯기고 몰락하는 것을 의미했기 때문이다.

그러다 보니 17, 18세기 프랑스 궁정은 그야말로 페르소나가 발달한 문화였다. 페르소나란 그리스 어원으로 배우들이 연극을 할 때 쓰는 가면을 말한다. 정신분석학자 카를 구스타프 융은 사람이 살아가면서 사회에서 맡게 되는 여러 가지 역할을

'페르소나$_{persona}$'로 설명했다. 프랑스 궁정이 연극에 미쳤던 것도 우연은 아니다. 프랑스 궁정은 예의범절 놀이에 지친 인간들, 즉 페르소나들의 집산지였기 때문이다. 이 페르소나가 넘쳐 온 궁정이 연극 무대가 되고, 에티켓과 권모술수로 넘쳐나던 문화의 유산은 고스란히 프랑스인들의 사교에 남아 있다.

대부분 프랑스인은 형식과 예절을 매우 중요하게 여긴다. 우리에게는 거추장스레 보이는 것들을 프랑스인들은 별 불편 없이 받아들이고 일상에 적용하며 산다. 특히 공중예절에 있어서는 일반인이나 길거리 거지들도 타인에게 폐를 끼쳤다고 느끼면 자동으로 "죄송합니다"를 연발하는 것이 몸에 배어 있다. 오랜 시대를 살아오면서 겉치레적 페르소나가 이제는 시민들의 생활 습관이 되어버린 것이다.

문화적 깊이를
만드는 생각

Tolérance
톨레랑스

프랑스의 정신을 이야기할 때 '톨레랑스tolérance'라는 말은 빠지지 않는다. 한국어로는 '관용'이라고 보통 번역하는데, 서로 수용한다는 의미다(사실 타인의 의견을 수용한다는 것은 어느 정도의 나이가 되면 종교를 바꾸는 것만큼이나 어려운 일이다.). 한국어로 '관용'이라고 번역하긴 하지만, 뭔가 2퍼센트 부족한 허전함이 남는다. 한국의 한恨이나 정精을 서양어로 옮기고 나면 정작 그 안에 진정한 한국인의 감정은 들어 있지 않아 불완전한 느낌이 드는 것과 마찬가지다. 인간의 보편적인 감정이나 사물을 지칭하는 일상적인 언어와는 달리 그 나라의 역사, 민족, 사회 모든 것의 총체가 담

사상은 섹시하게,
삶은 자유롭게

긴 어휘들은 다른 나라의 말로 옮기면 언어 그 자체의 껍데기만 전달되기 때문이다. 프랑스어의 톨레랑스가 그러하다.

　톨레랑스란 자신과 의견이 다른 것을 받아들이는 능력을 의미하는 것으로, 나와 의견이 같지 않다는 것은 틀린 것이 아니라 다르다는 것을 인정한다는 말이다. 얼핏 어려워 보이거나 특별해 보이지만, 그런 것은 아니다. 예를 들어 '개미와 베짱이' 이야기 속 베짱이는 노래만 부르며 놀다가 먹이를 비축하지 않아 겨울에 굶고, 개미는 일 년 내내 죽어라 일만 해서 먹이를 잔뜩 쌓아놓아 겨울을 뜨뜻하게 난다. 전후 세대의 부모님을 둔 우리 정서에서는 항상 베짱이는 나쁘고 개미의 삶이 옳다고 배워왔다. 하지만 과연 현재를 희생하며 아직 오지 않은 겨울을 위해 비축만 하는 것이 옳은 삶일까? 프랑스인들이라면 이 우화를 어떻게 해석할까? 내 생각에 많은 프랑스인들은 베짱이를 선택할 것 같다.

　우리 같으면 단순히 권선징악의 구도로 생각해, "그래, 일 년 내내 노래만 하더니 겨울에 먹을 게 없어서 구걸이나 하고, 쌤통이다!"라고 말하며 노래하는 베짱이를 아주 몹쓸 놈 취급하겠지만, 프랑스인들이라면 다르게 반응하는 사람이 많을 듯하다. "인생 한 번 사는데 저렇게 개미처럼 살 필요 있나? 노래하고 즐겁게 사는 베짱이가 좋지. 뭐 하지만 개미도 먹이 모아두

톨레랑스란 자신과 의견이 다른 것을
받아들이는 능력을 의미하는 것으로,
틀린 것이 아니라 다르다는 것을 인정한다는 말이다.

"나는 그 의견에 찬성하지는 않지만
네가 그런 의견을 갖는다는 것을 인정"하는 것이다.

는 데에 즐거움을 느낄 수도 있으니까. 그건 그의 선택이니 존중하자고!" 이처럼 인간이라면 누구나 서로 다른 가치와 생각을 할 수 있다는 것을 인정하는 것, 그래서 나와 다른 생각을 하는 사람을 비난하는 것이 아니라 "나는 그 의견에 찬성하지는 않지만 네가 그런 의견을 갖는다는 것을 인정"하는 전통이 몸에 배어 있는 것이 바로 톨레랑스이며, 프랑스 사회다.

프랑스가 톨레랑스의 나라라고 하는 것을 정치적, 역사적으로 거창하게 찾으려면 많은 모순이 보인다. 그러나 문화에 있어서만큼은 진정한 톨레랑스를 느낄 수 있다. 프랑스에는 다양한 문화가 공존하고, 그중에서 자신의 취향을 쇼핑하듯 선택한다. 예를 들어 20대이지만 클래식을 즐기면서 50년대 영화를 즐겨 본다든지, 60대이지만 테크노 음악과 블록버스터 영화를 좋아한다든지 자신의 흥미에 맞게 선택하고 즐긴다. 디스코텍이나 클럽에 가 봐도 우리나라처럼 젊은 사람들만 있는 것이 아니라, 전 세대의 사람들이 함께 음악에 맞추어 춤을 춘다. 10대도 있지만 일흔 살 된 노인도 있다. 이들은 서로 나이를 묻지 않는다. 다만 서로의 취향을 물을 뿐이다. 취향이 같은 사람들은 서로의 사이에 놓인 시간의 차이와 상관없이 '친구'가 되는 것이다. 이들에게 시간이라는 것은 인간이 사회에 질서를 부여하기 위해 만들어놓은 도구일 뿐이다. 마치 도량형처럼 말이다.

프랑스 사회의 톨레랑스는 외모에도 적용된다. 여성의 아름다움에 대한 다양한 관점은 사실 나도 부럽다. 한국처럼 하나의 전형적인 미의 척도를 정해놓고 온 나라가 광분하는 나라는 없다. 한국처럼 뚱뚱한 사람이 죄의식을 가지고 살아야 하는 나라도 없는 것 같다. 게다가 인간에게는 숙명인 나이에 관해 한국만큼 몰인정한 나라도 없다. 중년 연예인에게 당연한 주름살을 보고 마치 그녀가 '직무유기'라도 한 듯이 난리를 피운다. 그래서 주름살을 없애면 이번에는 성형했다고 난리다. 왜 인간이 자연스럽게 늙어가는 모습을 보여주고, 자기 몸을 자기가 마음대로 살찌울 자유조차 없는 것일까?

프랑스 해변에서 배가 늘어진 할머니들이 해변에 몸을 드러내놓고 햇볕을 즐기고 있는 것을 보면 참 아름답다. 길 가는 할머니들도 예쁘다. 화려하고 깔끔한 정장에 붉은 립스틱과 매니큐어, 우아한 귀걸이와 목걸이……. 팔십이 되어도 여성임을 잊지 않는 프랑스의 할머니들은 정말이지 멋스럽다. 그녀들은 젊음이 사라진 자리를 감각으로 메꾸고 있는 것이다. 그리고 그들을 정중하게 '마담'으로 인정해주는 사회가 부럽다.

나는 마담과 아줌마 사이에서 아직도 정체성의 혼란을 느낀다. 한국에서 중년 여성은 언제부턴가 '아줌마'라는 제3의 성으로 구분되어버렸다. 아줌마로 상징되는 억척스러움이 대한민국

사상은 섹시하게,
삶은 자유롭게

의 경제와 교육을 끌어올리는 원동력이 되기도 했지만, 그 와중에 우리네 여인들이 여성성을 자연스럽게 포기해버린 것이 내심 안타깝다. 가을에 낙엽이 물들 듯이 여성이 아름답게 늙어가는 것을 인정해주는 프랑스인들을 보면 인간의 아름다움은 일방통행만이 있는 것이 아니라는 것을 새삼 느낀다.

하지만 무엇이건 좋은 부분이 있으면 동전의 양면처럼 그 이면에 부정적인 부분도 있는 법이다. 톨레랑스를 부정적으로 보면 너는 너고 나는 나라는 개인주의로 치환된다. 그래서 프랑스는 조금 외로운 사회다. 톨레랑스에는 남의 사고나 생활을 존중하고 다양함을 인정하는 장점이 있지만, 이면에는 냉혹한 개인주의와 일종의 무심함이 자리 잡고 있다.

그러나 톨레랑스는 쓸데없는 주장으로 에너지를 소비하는 것을 막아준다. 톨레랑스가 없는 사회에서는 자신만이 옳다고 목청과 혈압을 높여 주장하며 자신과 의견이 다른 사람들에 대해서는 비난한다. 그리고 마음속으로 상대방을 미워한다. 자기와 다른 것을 틀리다고 여기며 서로 적이 되어버리는 거다. 차분하게 토론해 상대를 설득시킨다거나 남을 이해하려는 열린 마음을 배우지 못한 것이다.

프랑스 사회는 교육의 초기 단계에서부터 다양한 목소리와 의견이 존재함을 가르치다 보니 자신을 적극적으로 표현하는 문화가 발달해 있다. 그것도 너무 발달해 있다. 위대한 프랑스를 꿈꾸었던 샤를 드골 전 대통령은 "1년의 365일보다도 더 많은 종류의 치즈를 생산하는 나라의 국민을 통치하는 것이 얼마나 어려운 일인 줄 아는가?"라고 말했다. 또 프랑스는 '1인의 대통령과 6000만 명의 왕이 살고 있다'고 표현되기도 한다. 이보다 프랑스인의 개성을 더 잘 상징하는 말은 없는 것 같다. 그만큼 프랑스는 다양한 개성이 존중되며 타인의 시선 따위는 의식하지 않아도 되는 사회다. 그래서 프랑스 사람들과 프랑스 사회를 제대로 이해하고 설명하기 위해서 톨레랑스만큼 적당한 단어도 없는 듯하다.

  프랑스에 톨레랑스의 정신이 항상 있었던 것은 아니다. 이들에게 톨레랑스가 중요한 것은 바로 민중의 힘으로 선택하여 성취했다는 데에 의미가 있다. 이 개념이 역사의 전면에 중요한 의미로 떠오르기 시작한 것은 18세기가 되면서였다. 그 이전의 시대는 오히려 관용이 전혀 통하지 않던 무지막지한 시대였다. 모 아니면 도였다. 인간이 자기와 다른 의견을 가진 사람들에게 어느 정도까지 잔인해질 수 있는지를 알 수 있을 정도였다. 중세 시대부터 가톨릭 국가이던 유럽은 조금만 종교적인 이념이 다르면 종교재판을 통해 이교도들을 화형대로 보냈다. 여기에 루터와 칼뱅이 반기를 들며 강력한 대중을 등에 업고 종교개혁을 부르짖자 온 유럽은 곧 신교와 구교 간에 격렬한 종교전쟁에 돌입한다. 프랑스도 전 국토가 피비린내 나는 종교전쟁으로 바람 잘 날이 없었다. 이런 분위기는 사회·문화 곳곳에서 마찬가지였다.

17세기의 마녀사냥 역시 관용이 없던 사회에서 일어난 일이었다. 뭔가 일이 잘 풀리지 않거나 사회의 분위기가 이상하면, 이를 특정한 여성의 탓으로 돌리고 그녀를 마녀로 몰아 화형에 처하기 일쑤였다. 주로 힘없는 저소득층의 여성과 노파가 희생양이 되었다. 아름다운 여자도 경건한 시대의 남성, 특히 성직자들을 유혹할 수 있다는 위험성과 뭇 여성들의 질투로 곧잘 희생양이 되었다. 광신이 미신과 같은 말이라는 것을 당시의 유럽만큼 증명해보인 적은 없었다.

온 유럽이 획일적인 편견으로 인해 피로 물들었다. 서로를 용서할 수 없는 분노는 처참한 결과를 몰고 왔다. 이미 인간의 이성은 존재하지 않았고 종교적 편협성이 드러낸 광기와 사디즘만이 있었다. 생각해보면 서구의 역사는 항상 그렇게 흘러왔는지도 모른다. 로마 시대에 대화재를 기독교도들에게 돌린 것도 그랬고, 히틀러가 모든 악의 근원을 유대인들에게 돌린 것도 그랬다. 절대자와 국민은 무언가 일이 풀리지 않을 때에는 희생양이 필요했다.

그러나 14, 15세기 이탈리아에서 시작된 르네상스 시대를 지나며 유럽은 서서히 잠에서 깨어난다. '인간의 존엄성'이라는 가치에 대해 의식하기 시작한 것이다. 이 정신은 곧바로 유럽을 새로운 세계로 만들지는 못했지만, 서서히 물결을 일으키며 17세기의 과학혁명을 가져왔고, 잔잔한 물결이 소용돌이를 치며 다다른 곳이 18세기 프랑스의 계몽사상이었다. 인간이 존엄하다는 것, 인간은 누구나 법 앞에 평등할 권리가 있고, 생존권을 보장받아야 하며, 95퍼센트의 평민이 5퍼센트의 무위도식하는 귀족과 성직자를 먹여 살려야 할 의무가 없다는 것을 알아차렸고, 이는 프랑스 대혁명의 도화선이 되었다. 이런 깨달음은 결국 커다란 폭포수가 되어 절대왕정을 무너뜨리고, 근대국가의 초석을 쌓게 된다.

  계몽주의 시대는 이성을 중시하던 시대였고, 이성의 힘으로 타인의 생각이나 정치, 종교적인 의견의 자유, 삶의 방식에 대한 자유에 대해 존중해야 한다는 생각이 자리 잡았다. 그리고 이 생각은 거대한 물결을 일으켜 관용이라고는 조금도 없던 구체제의 왕정을 시민의 힘으로 무너뜨렸다. 왕과 왕비를 시민의 손으로 단두대에서 처형하는 혁명으로 세운 나라가 프랑스였다. 곧이어 혁명정부로 인한 공포정치를 겪었다. 일련의 사건들을 통해 프랑스는 이 세상에 절대적으로 옳은 것은 존재하지 않는다는 것을 뼈저리게 경험하며 성숙했다.

사상은 섹시하게,
삶은 자유롭게

프랑스의 근대사는 '자유와 평등'이라는 슬로건 하에 이룩되어 왔다. 이 시대에 위대한 사상가였던 볼테르만큼 관용의 정신을 잘 표현한 사람은 없을 듯싶다. "나는 당신이 말하는 것에 동의하지 않소, 하지만 나는 당신이 말할 권리를 갖게 하려고 싸울 것이요." 이런 사고 위에 인위적으로 세워진 나라이다 보니 사회 구성원들 사이에 각각의 다른 의견들이 분분한 것에 대해 자기 생각이 귀중하면 남의 생각도 귀중하다는 사상이 자리 잡았다. 이때의 관용이란 위대한 하나의 프랑스, 세계 최고의 문화 대국이라는 자부심 넘치는 우월감 아래에서 이루어진 관용이었다.

프랑스가 아직도 정치, 사회, 경제 모든 분야에 있어 성실하게 관용적이냐 아니냐를 따지고 싶지는 않다. 어찌 보면 프랑스의 관용이란 이중성을 띤다. 프랑스에서 살던 초창기 시절 나는 이들의 잘 드러나지 않지만 그림자처럼 분명히 존재하는 이러한 이중성에 수많은 상처를 입었다. 외모의 차이는 있어도 정말 서로가 외국인임을 느끼지 못하며 교류하던 프랑스 친구들과 함께 길을 가는데, 어떤 프랑스 남자가 나를 보며 큰 소리로 "중국 강아지"라며 비웃었을 때 느꼈던 당황스러움을 잊을 수 없다. 또한 훌륭한 근대사를 가진 프랑스가 인종차별을 한다는 것은 있을 수 없다는 가식 때문에 아프리카나 아랍의 이민자들은 눈

샤를 드골 전 대통령은
"1년의 365일보다도 더 많은 종류의
치즈를 생산하는 나라의 국민을 통치하는 것이
얼마나 어려운 일인 줄 아는가?"라고 말했다.

다양한 개성이 존중되며
타인의 시선 따위는 의식하지 않아도 되는 사회인 것이다.

에는 보이지 않는 사회적 소외감에 욕구불만 상태로 살아간다. 그래서인지 이들은 애꿎은 동양인들에게 화풀이하는 경우도 많다. 프랑스어가 서툰데다 온순하기 때문에 자기들보다 약자로 보는 것이다.

문화 대국의 자부심에서 오는 관용의 껍질을 하나 벗기고 국가라는 큰 차원으로 가면 프랑스는 민족적 자부심과 국수주의를 드러낸다. 어느 나라나 애국심은 있지만, 프랑스인들만의 자부심이 녹아 있는 애국심은 독특하다. 우리처럼 일종의 애증과 연민이 서려 있지만 본능적이고 조건 없는 애국심과는 색깔이 좀 다르다. "프랑스가 다시 외세의 지배를 받을지라도, 또다시 민족 반역자가 나오는 일은 없을 것이다"라며 샤를 드골 전 대통령은 나치 부역자 3만 명 이상을 처단했다. 프랑스를 배신하는 것만큼은 톨레랑스가 해당하지 않는다는 말이다. 일제 식민지 시대에 부역을 했던 사람이 독립유공자로 둔갑할 수 있었던 우리나라의 허술한 뒤처리와는 비교된다.

어쨌거나 사회적 관점에서 현대의 프랑스는 과거에 갖던 관용의 정신이 많이 희석된 것은 사실이다. 게다가 노골적으로 외국인을 싫어하는 프랑스인이 점점 많아지고 있다. 이는 매우 민감하고도 본질적인 문제다. 사회주의 정부 시절부터 몰려온 이민자들로 온 프랑스가 몸살을 앓고 있는데다, 전 유럽에 불어 닥

친 실업 위기로 중세 시대 마녀사냥을 일삼던 프랑스인들의 편협함이 또다시 사회 곳곳에서 머리를 들고 있다. 인간은 누구나 가장 쉽고 약한 상대에게 책임을 돌리기 마련이지 않은가.

  톨레랑스의 개념을 사회나 법, 정치까지 너무 깊이 대입하다 보면 인간이 어디까지 관대하게 허용하며 타인의 입장에 설 수 있는가 하는 본질적인 문제에 부딪히게 된다. 다시 말해, 아픈 아기의 우윳값이 없어 강도를 저지른 사람에게 사회는 어디까지 관대해야 하는가를 따지다 보면 결국 관용의 본질적인 의미에서는 멀어지는 모순에 봉착한다. 하지만 한 가지 확실한 것은 하나의 도덕적 잣대를 놓고 획일적으로 강요하는 사회보다는 개인의 개성과 자유가 존중되고 다양성이 있는 사회가 건전하다는 것이다. 서로 인정하면 음흉하게 속일 것이 없다. 하다못해 포르노 영화를 대낮에 관람한다 해도 아무도 비난하지 않는다. 미성년자를 영화관에 들인다거나, 공공장소에 크게 광고를 하여 남에게 해를 주지 않는 이상 비난할 이유가 없기 때문이다. 아직도 프랑스라는 나라가 매력이 있고, 도저히 범접할 수 없는 문화적 깊이가 우러나온다고 생각하는 이유는 이러한 사회 구성의 다양성 때문이 아닐까 싶다.

Chapter 03

매혹의 다른 이름,
파리 그리고 파리지앵

프랑스를 만든 것은 프랑스다.
인종이라는 치명적인 요인은 전적으로 부차적이라고 본다.
프랑스, 그녀는 자유의 딸이다.
- 쥘 미슐레Jules Michelet(프랑스의 역사학자)

궁극의
자연스러움

◇◇◇◇
Chic
시크

우리나라에서도 패션 용어로 많이 쓰고 있는 시크라는 단어는 뭔가 도시적이고 세련된 모습을 표현하는 단어다. 시쳇말로 '차도녀, 차도남'이랄까? 그런데 이 단어 앞에 프렌치French라는 단어가 하나 더 붙으면 시크는 날개를 단다. '프렌치 시크'라니. 뭔가 딱 잘라 말할 수 없는 묘한 분위기가 감돈다. 멋지다는 말로는 모자란, 우아한 고전미과 세련된 현대미를 망라해 지적이며 섹시한 느낌이 시크라는 말에 모두 함축되어 있다. 이는 돈으로 사거나 훈련을 해서 되는 것이 아니다. 오랜 세월 그 문화 속에 살아 전통과 자연스러움이 몸에 배어야 비로소 묻어나오는 매력이다.

프랑스에 오래 있다 보면 프랑스 여성들에게서 받는 독특한 느낌이 있는데, 자신의 여성성에 대한 의식이다. 달리 표현하면 의식적으로든 무의식적으로는 프랑스 여성들은 여성적이라는 것을 과시한다. 한마디로 섹시하다. 그런데 이는 할리우드적인, 마릴린 먼로나 마돈나처럼 여성성을 극도로 확대하는 데서 오는 섹시함이 아니다. 오히려 수수하면서 차가운 가운데 은근한 유혹으로 어필하는, 한마디로 표현하기 어려운 여성성이다. 그렇다. 프렌치 시크는 수수하다. 그런데 그냥 내팽개쳐둔 négliser 자연스러움이 아닌 정리되고 자신을 한껏 가꾼 자연스러움이라고나 할까? 수수한 가운데 무언가가 반짝인다. 아마도 오랜 전통으로 단련된 자신감 같은 것일 거다.

몇 년 전에 소피 마르소가 한국에 왔던 적이 있다. 〈라붐〉이라는 영화로 사춘기에 접어든 우리들의 우상이 되었던 그녀가 중년의 나이가 되어 우리나라를 방문했다. 그때 인터넷상에서 소피 마르소의 공항 패션이 어쩌고저쩌고 말이 많았다. 그도 그럴 것이 우리나라 아이돌이나 여배우처럼 머리부터 발끝까지 연출한 모습이 아니라 수수한 코르덴 바지에 단발머리, 화장기 없는 얼굴로 공항에 내린 것이다. 옆집 언니가 비행기 타는 그 모습으로 말이다. 이분이 무슨 자신감으로 IT 대국 대한민국에 이

매혹의 다른 이름,
파리 그리고 파리지앵

런 모습을 하고 인천에 내렸을까 걱정될 정도였다. 당연히 한국 네티즌들이 가만히 있었을 리 없다. '아줌마 된 소피 마르소'라느니, '막 자다 일어난 듯한 부스스한 머리'라느니 말이 많았다.

 세계적인 스타라는 명성이나 한국 팬들이 가진 환상에 대해 성의가 좀 부족했다는 것은 인정한다. 그러나 이는 프랑스라는 사회를 잘 모르기 때문에 일어나는 간극이다. 사실 그 간극을 메우기가 우리나라 사람들에게는 쉽지는 않지만 말이다. 소피 마르소에게 있어 스타란 직업에 지나지 않는다. 크랭크인 하는 순간을 제외한 나머지 일상생활은 그녀의 사적인 영역이다. 사적인 영역에서 프랑스 배우들은 남녀를 불문하고 철저한 생활인 그 이상도 이하도 아니다. 스타는 언제나 하늘에 떠 있는 것처럼 화장실도 가면 안 된다고 생각하는 것은 팬의 입장일 뿐이다.

 프랑스는 스타와 팬의 관계가 한국하고는 영 다르다. 아마 그녀는 파리에서 편안한 통 넓은 청바지에 화장기 없는 얼굴을 하고 슈퍼에도 흔히 나다닐 것이다. 그런다고 파파라치들이 그 모습을 집요하게 찍어대지도 않는다. 프랑스라고 성형이나 보톡스가 없지는 않지만, 대부분의 여배우는 자신의 모습을 그냥 받아들이며 얼굴에 세월의 흔적을 그냥 지니고 다닌다. 그리고 이보다 더 프렌치 시크의 전형을 보여주는 예도 없는 것 같다. 나이 들어가는 데에 전전긍긍하지 않는 그녀들은 여전히 아름답고 매혹적이다. 여자가 마흔이 지나고 난 다음의 아름다움이란 여유로움이 아닐까 하는 생각이 든다.

프랑스 유학 시절 마치 혜성과 같이 떠올랐던 배우가 있었다. 바로 바네사 파라디였다. 가수로 데뷔해 노래도 불렀지만, 무엇보다 놀라운 일은 열일곱인가의 나이에 코코 샤넬의 모델이 되었다는 것이었다. 앵그르의 그림 〈샘la Source〉을 패러디한 '에스프리 드 샤넬'의 광고는 압권이었다. 그때 아직 청소년이었던 바네사 파라디는 그다지 크지 않은 키에 비율이 좋으면서 마치 요정이 살아 움직이는 것 같은 기묘한 마성을 지닌 눈빛을 지니고 있었다. 게다가 한국 배우 같으면 생니를 뽑아 당장 임플란트를 했을 것 같은 그녀의 벌어진 앞니는 더욱 신비감을 주었다.

그리고 나는 그녀를 잊었다. 그런데 얼마 전부터 그녀의 이야기가 다시 귀에 들리기 시작했다. 바로 할리우드발 기사를 통해서였다. 〈캐리비안의 해적〉에 나온 미국 배우 조니 뎁과의 결별설 때문이었다. 오랫동안 할리우드의 가십 기사를 접하지 않고 살아서 그녀가 조니 뎁과 살고 있었다는 것을 모르고 있었다. 가끔 샤넬 광고를 볼 때마다 그녀가 궁금했었는데 20년 만에 매스컴에서 본 그녀는 아직도 여전히 가운데가 벌어진 앞니를 하고 있었다. 이게 프랑스적인 시크함이 아닌가 하는 생각이 들었다.

파리라고 하면 유행의 첨단을 걷는 멋쟁이 여성들만이 득실

매혹의 다른 이름,
파리 그리고 파리지앵

프랑스 여성들에게는
'자신의 여성성에 대한 의식'이 느껴진다.

수수하면서 차가운 가운데
은근한 유혹으로 어필하는,
한마디로 표현하기 어려운 여성성이다.

거리는 곳으로 생각하는 사람이 많다. 그런데 프랑스 여성들은 특별한 꾸밈이 없다. 화장기도 별반 없어 보인다. 다만 날씬한 것만은 사실이다. 북쪽의 게르만 족이나 노르만 족의 독일, 영국, 스칸디나비아와 비교해, 프랑스 여성들은 대체로 호리호리하고 아담하다. 자신의 몸 관리에 부단한 노력을 게을리 하지 않는 것도 예쁜 여자들이 많은 이유인 것 같다. 하지만 가장 중요한 이유는 바로 이들이 수수하고 자연스럽다는 것이다. 대부분은 머리도 아침에 그냥 털어 말리고 나오는 것 같다.

학창 시절 친구 클레르 안은 아침에 그 긴 머리를 감고는 그냥 쓱 틀어 올려 커다란 핀만 꼽고 다녔다. 나는 축축한 채로 머리를 묶으면 뭔가 곰팡이가 날 것 같은 느낌에 저걸 좀 드라이어로 말렸으면 하는 찜찜함에 말도 못하고 끙끙 앓았다. 하지만 얼마 안 있어 프랑스 여성들 대부분이 드라이어를 잘 사용하지 않는다는 것을 알게 되었다. 습도가 낮아 건조하다 보니 자연 상태에서도 머리가 잘 마르기 때문이다. 게다가 프랑스 여성들은 파마도 잘 하지 않고 그냥 자연스러운 웨이브가 많아 특별히 가꿀 필요가 없다. 당연히 미용실이 있긴 하지만 우리나라처럼 동네 아줌마가 하는 미용실이 골목에 몇 개씩 있지는 않다. 아마도 한국만큼 파마를 하거나 새치 염색을 하는 사람들이 없어서일 거다. 머리카락색이 밝다 보니 흰머리도 그다지 도드라져

매혹의 다른 이름,
파리 그리고 파리지앵

보이지 않는다. 오히려 멋을 내기 위한 염색이 많고 주로 커트를 많이 한다. 또 미국인들만큼 '신사는 금발을 좋아해'에 집착하지도 않는다. 백인이면 모두 금발을 선망하는 것은 당연한 것 같은데, 프랑스는 특별한 경우를 빼고는 염색을 고집하진 않는다.

자연스러움을 사랑한다는 것은 무심함과는 차이가 있다. 최대한 표 안 나게 멋 부린다는 정도로 정의하는 것이 좋겠다. 바꾸어 말하면 개성이 강하다고 표현할 수도 있겠다. 개성이 강하다 보니 수많은 패션과 화장품 브랜드를 소유한 프랑스이건만, 각 브랜드가 해마다 제시하는 유행이나 색은 파리지앵과는 아무 상관이 없다. 도무지 먹히지를 않는다. 이들은 유행을 수출할 뿐이다. 거리를 지나다니는 여성들의 옷, 신발, 구두를 봐도 어느 하나 같은 것이 없다. 온 시대의 모든 유행이 동시에 돌아다니고 있다. 파리를 뒤덮고 있는 프랑스의 그 수많은 럭셔리 브랜드는 다 누가 들고 다니는지 파리에 가면 잘 보이지 않는다. 들고 다니는 사람은 대부분 외국인이다.

개성이 강하니 성격도 모두 모래알 같다. 여성끼리의 세계도 마찬가지다. 프랑스에는 〈섹스 앤 더 시티〉류의 문화가 없다. 즉, 여성들끼리만 통하는 문화가 없다는 말이다. 직장이나 일상에서 여자들끼리만의 관계가 드물다는 말이다. 오히려 남성들끼리의 관계는 세계 어디에서나 여성을 향한 본능적인 관심으로 형성되는 그들만의 공감대가 있지만, 이상하게도 프랑스에서 여성끼리의 관계는 모호해 보인다. 이는 내가 살아가며 나 자신에게도 스스로 느끼는 딜레마 중의 하나다.

 이들은 그 흔한 명품이나 장신구 등으로 동성의 여자들과 공감하거나 그 느낌을 나누지 않는다. 어찌 보면 동성끼리의 관계가 좀 더 차갑고 냉랭하다고도 할 수 있다. 그래서 처음에는 프랑스 여자들이 무서울 정도였다. 특히나 자기들과 다른 독특한 매력을 가진 동양 여성들에 대한 이들의 냉랭함은 표현할 길 없을 정도로 차갑다. 물론 아주 모성애적인, 좋은 엄마 같은 부인들도 있다. 그러나 나는 지금 여자에게는 모두 다 있다고 하는 모성 본능을 이야기하는 것이 아니다. 여성성을 가진 여자들의 세계를 말하는 것이다. 여자들 간의 교류도 인간 대 인간이 만나는 것이지 여자라는 성이 가진 독특한 '금성'의 감성끼리 모이는 것이 아니라는 말이다.

 그런데 이들의 특성을 가까이서 살피다 보면 예쁘건 안 예쁘건 남성과의 관계에 있어서는 천성적으로 교태를 부리는 것이 일종의 습관인 듯 보인다. 특별히 의식적으로 하는 자극적인 유혹이 아닌 무심한 듯 한번씩 보내는 묘한 눈길과 몸짓 등이 그들에게는 일상이다. 전문직 여성부터 가정주부까지 프랑스 여성들에게는 공통적 흐르는 독특한 그 무엇인가가 있다. 이는 육감적인 몸짓이나 관능적인 표현이 아닌 무언가 내면부터 의식하지 않고 흘러나오는, 말로 쉽게 표현할 수 없는 분위기다. 이들은 남성을 특별한 다른 성으로 생각하지 않는 것 같다. 그녀들의 행동은 그냥 잃어버린 나머지 반쪽을 찾아 나머지를 채우려는 자연스러운 몸짓으로 보인다. 프랑스만큼 +와 −의 전극에 관해, 바슐라르가 이야기한 아니무스와 아니마의 끌림에 관해 자연스럽게 이해되는 사회도 없다.

 프랑스는 남녀 간의 성 역할이 아주 유연하고도 자연스럽다. 그래서인지 프랑스에서는 여성과 남성 간의 대화가 우리보다 훨씬 더 잘 되는 것 같아 보인다. 남성이건 여성이건 상대 성의 몸과 심리에 관해 훨씬 많이 알고 있고, 각 성에 관한 고정관념이 없어서일 것이다. 오랜 토론문화도 이에 도움을 주는 것 같다. 아마 이들에게 《금성에서 온 여자, 화성에서 온 남자》 속 대화의 부재에 관해 설명한다 해도 그냥 "어? 왜 그렇다는 거지?" 하고 어깨를 으쓱 올리고 말 것이다. 물론 이들 사이에도 남성과 여성의 생물학적 차이에서 오는 갈등은 당연히 존재한다. 하지만 우리보다는 대화가 훨씬 잘 된다는 의미이다. 남녀 사이에 대화가 안되는 이유는 본질적으로 다르다는 이유만이 아니라, 사회적으로 성 역할을 고정시키는 데서 연유한 것이 더 많기 때문이다.

자연스러움을 사랑한다는 것은
무심함과는 차이가 있다.

최대한 표 안 나게 멋부린다는
정도로 정의하는 것이 좋겠다.
개성이 강하다고도 할 수 있다.

프랑스는 남녀가 어울려 함께 발전해온 사회다. 프랑스라는 거대한 나라 자체가 남녀양성의 자웅동체처럼 굴러가고 있다. 아이러니한 것이 프랑스 여성들이 자아가 강하고 독립적인 여성들이지만 페미니스트적이지는 않다는 말이다. 그녀들은 여성성에 자부심을 느끼고 여성만이 가진 매력을 자신의 일터에서 충분히 이용하는 것을 즐긴다. 하지만 이는 육체를 사용해 이득을 취하는 것과는 의미가 다르다.

프랑스 여성들은 왜 이런 성향을 지녔으며, 이런 독특한 차가움 속에 발하는 매력을 지녔을까? 아마도 이는 중세 이후 프랑스의 궁정문화에서부터 발달하여 프랑스 사회 깊숙이 뿌리를 내려온 이제는 이들의 DNA에 깊이 각인된 특징이 아닌가 하는 생각이 들었다. 궁정에서부터 프랑스는 남자와 여자가 섞여 은밀한 눈빛을 교환하며 발달해온 사회다. 베르사유에는 여성끼리의 공범이란 존재하지 않았다. 근대 영국의 클럽, 커피하우스 등의 신사들만의 문화나 여성들만의 티파티나 사교 모임도 프랑스에서는 그다지 발달하지 않았다. 언제나 뒤섞여 있었다는 말이다. 그래서 이들은 남성과의 관계에서 능숙하다.

무거운 중세의 때를 벗기는 가운데 프랑스는 왕비나 후궁, 귀부인 등 여성의 역할이 강조되었다. 게다가 여성들이 경영하며 장안의 지적인 남성들을 좌지우지했던 살롱문화의 전통이 그대

매혹의 다른 이름,
파리 그리고 파리지앵

로 남아 있다. 말하고 토론하기 좋아하는 이 지적인 민족은 무엇보다 '대화'의 묘미에 심취해 있다. 언어가 주는 교태, 말장난의 유혹에 무엇보다 초점이 맞추어져 있다. 그러다 보니 말을 잘하기 위해서는 아는 것이 많아야 하고 매력이 없으면 오래 대화할 수 없다. 프렌치 시크에는 지성이 녹아 있는 '차도녀'의 이미지가 자연스럽게 대입된다. 천성적으로 말수가 적은 사람도 있지만, 어쨌든 프랑스인들은 지적인 유희를 즐긴다. 그리고 그 지적인 유희를 함께하지 못하면 곧 흥미가 떨어지는 것이 프렌치 시크의 본질이다.

파리에는
유행이 없다

Mode
패션

파리라 하면 유행의 첨단을 걷는 멋쟁이 여성들만이 득실거리는 곳으로 생각하는 사람이 많다. '패션의 도시'라 하면 아직도 물론 파리다. 프랑스 여성들, 그중에서도 파리지앵들은 시크하고 도도하며 멋있을 것이라고 상상한다. 실제로 보고 느낀 파리지앵들이 옷맵시가 아름다운 멋쟁이들임은 틀림없는 사실이다. 그러나 모든 프랑스 여성들이 유행만 쫓고 있다고 생각하면 큰 착오다. 게다가 처음 파리에 도착한 사람들은 도대체 왜 파리가 패션의 도시인지 의아해질 것이다. 최신 유행이 휩쓰는 서울의 분위기와는 너무도 다르기 때문이다. 서울 청담동 거리를 5분만 걸

매혹의 다른 이름,
파리 그리고 파리지앵

어보면 올해의 유행이 무엇인지 금방 알 수 있건만, 파리는 도무지 뭐가 패션이고 뭐가 유행인지 감을 잡을 수 없다.

하지만 관광이다, 쇼핑이다 하는 바쁜 마음을 내려놓고 느긋한 마음으로 카페에 앉아 지나가는 파리 여성들을 바라보자. 왜 파리가 패션의 도시인지를 금세 이해하게 될 것이다. 얼핏 보면 그들은 우중충한 색의 옷들을 그저 걸치고 있는 것 같다. 딱 이렇다 할 스타일이 있는 것도 아니고 각양각색이다. 스커트의 길이며 코트의 색과 섬유, 컬러의 모양도 마음대로다. 온종일 눈을 크게 뜨고 찾아보아도 같은 옷을 입은 여성이 없다. 화장을 짙게 하거나 머리를 부자연스러운 모습으로 드라이나 파마를 한 여성도 드물다. 그런데 스타일은 모두 다른데 공통점이 보인다. 바로 '내추럴'이다. 멋을 부린 듯 안 부린 듯 수수하다. 물론 화려하게 입고 진한 화장을 한 여성도 가끔 보이지만, 이 또한 자신만의 연출이거나 특정한 직업에 종사하는 여성일 뿐이다. 파리지앵의 스타일을 한마디로 말하기 어렵지만, 돈을 지불하고 애써서 구현하는 인위적인 내추럴이 아닌 일상에 배어 있는 자연스러움으로 정의될 수 있을 것 같다.

결론적으로 파리에는 유행이 없다. 아니 모든 시대의 유행이 모두 공존한다고 말하는 것이 낫겠다. 그런데 하나하나의 스타일을 자세히 살펴보면 디테일에 매우 신경 쓰고 있음을 알게 된

느긋한 마음으로 카페에 앉아
지나가는 파리 여성들을 바라보자.

스타일은 모두 다른데 공통점이 보인다.
바로 '내추럴'이다.

다. 몸에 걸치고 있는 것들의 색, 스카프 하나, 장신구 하나가 조화를 이루는 모습이 경이로울 정도다. 입고 싶은 대로 각자의 몸에 맞게 입는 게 그들의 유행이다. 최신 유행을 따르는 여성은 극히 일부분에 지나지 않는다. 우리처럼 하나의 유행이 제시되면 시즌마다 옷을 사고 모두가 비슷하게 입어온 사람들에게 처음 이들의 패션은 혼돈 그 자체일 것이다. 그리고 익숙하기까지 시간이 걸릴 것이다.

  이런 파리가 패션의 아이콘이 된 것은 언제부터일까? 우리야 태어나서부터 익히 파리의 명성을 들어왔지만, 실제로 왜 파리가 패션의 도시라는 애칭으로 불리게 되었는지 아는 바는 별로 없다. 프랑스가 패션의 중심이 되기 시작하는 것은 16세기부터였다. 프랑스는 패션에 있어도 요리나 다른 문화나 마찬가지로 이탈리아로부터 모든 것을 받아들였다. 그도 그럴 것이 이탈리아는 로마가 남긴 유산을 그대로 물려받은 데다, 지정학적으로 동방과의 접점에 있어 비잔틴이나 이슬람, 아시아 세계의 문물이 유럽으로 들어오는 대문의 역할을 했기 때문이다. 14세기부터 이탈리아는 컴컴한 중세의 터널을 빠져나와 화려한 르네상스의 개막을 알렸고, 15, 16세기를 지나며 온 유럽의 삶과 문화를 세련되게 변화시켰다.

  이런 이탈리아에 비해 로마의 변방에 머물며 중세 내내 문화

후진국이던 프랑스는 대국의 꿈을 키우다 드디어 16세기 천혜의 자연환경과 안정적인 왕권을 기반으로 유럽의 강자로 떠오르게 된다. 그리고 신대륙의 발견으로 지중해를 통한 동방과의 무역이 쇠퇴하고 작은 도시국가들이 모여 이합집산을 계속하던 이탈리아 반도는 유럽의 중심에서 물러나게 된다. 신대륙과의 무역으로 인해 대서양으로 열린 국가들이 부상하게 된 가운데 프랑스가 있었던 것이다.

스페인, 영국, 네덜란드 등도 부상하긴 했지만, 프랑스가 이들 나라와 확연히 달랐던 점은 국가 주도로 강력한 문화 정책을 펼쳤다는 것이다. 다른 나라들이 상업이다 식민지다 혈안이 되어 있을 때에도, 프랑스가 최정점의 부국이었을 때에도, 혁명 시에도, 프랑스는 다른 무엇보다 문화를 나라의 중심 기둥으로 삼는 데 주력했다. 프랑수아 1세부터 앙리 4세의 찬란한 부르봉 왕조를 지나 혁명정부와 나폴레옹에 이르기까지 프랑스의 왕들은 친히 요리나 패션, 음악 등의 발전에 적극적으로 참여했다.

모든 문화가 그렇듯 프랑스는 패션도 이탈리아에 빚지고 있다. 메디치의 공녀인 카트린 드 메디치가 앙리 2세에게 시집오며 가져온 것이 비단 돈뿐이었겠는가. 워낙 풍요로운 자연환경이라 낙천적이지만 한편으로 섬세하고 포장에 강한 프랑스인들은 잘 정돈되지 않은 라틴 기질의 이탈리아 문화를 체계화하기

매혹의 다른 이름,
파리 그리고 파리지앵

시작했다. 여기에 이탈리아의 가면극과 무언극은 현대적 의미의 연극과 발레로 발전시켰다. 이와 함께 공연을 위한 의상도 점점 발달했다. 화려한 장식은 궁정의 의상에 도입되었고 프랑스는 온 유럽 패션의 중심지가 되어갔다. 여기에 아름다운 직물을 생산하는 것도 중요한 산업이 되어 왕립제작소를 만들어 부흥시켰다. 루이 13세, 14세는 바로크풍의 기괴한 장식이 도를 지나치자 사치스러운 외국의 자수나 레이스 수입을 금지하였지만, 이는 오히려 자국의 직물과 장식품을 발달시켰다. 1646년에는 레이스로 유명한 베네치아에서 직물 장인을 초빙하여 우수한 레이스 생산하기 시작해 아예 리용을 염료와 실크 생산의 중심지로 개발하여 피렌체의 직물 산업과 베네치아의 레이스 산업을 따라잡기에 이르렀다.

베르사유 궁에서의 모든 우아함은 에티켓으로 수렴되었고, 파리 상류사회 귀족들은 의상을 인격의 표시로 여겨 외관을 꾸미는 데에 아주 탁월했다. 이 우아함은 모든 유럽 궁정이 모방하는 모델이 되었다. 유럽은 물론 러시아 왕실에서까지 프랑스어를 모르면 왕따를 당할 정도였다고 한다.

루이 14세 시대에 발달한 발레는 패션을 한층 더 발전시켰다. 영화 〈춤추는 왕〉에서 보듯 루이 14세 자신이 발레리노로 프로에 가까운 춤꾼이었다. 발레와 오페라 의상의 발달은 프랑스 오드쿠튀르(고급 맞춤복)의 전통이 되었다. 이 시대의 발레 공연은 오트쿠튀르의 런웨이를 방불케 했다. 발레리나들이 착용했던 각종 장신구나 소매와 리본 장식, 목걸이, 구두 등은 상류층 부인들에게 큰 영향을 주었다. 게다가 살롱을 중심으로 여성과 남성이 함께 어울리며, 여자 안주인이 꽃이 되는 사회 분위기는 파리의 여성 패션이 활짝 피어나는 계기가 되었다

시골 군인 출신인 나폴레옹의 궁정은 처음에는 소박하게 시작했지만, 그가 황제에 오르고부터는 지난 왕정과 경쟁이라도 하듯이 화려한 궁정문화를 이끌었다. 파리는 이때부터 자신들의 궁정문화를 수출하기 시작한다. 스페인이나 독일, 이탈리아의 부자들은 파리에서 발간되는 〈여성 패션 신문Journal des dames et des modes〉 같은 잡지를 구독하고 이를 따라 하느라 바빴다.

19세기가 되어 산업혁명이 시작되자 면직물 공업에서 영국에 뒤떨어진 프랑스는 영국과의 직접적인 경쟁을 피했다. 게다가 프랑스는 원료 수입부터 해외 영업까지 영국보다 불리한 위치에 있었다. 영국은 이미 그 시대 남성복의 대명사가 되어 있었다. 장인이 만들었다는 영국산 셔츠는 이 시대 고귀한 신분의 상징이었다. 레오나르도 디카프리오가 주연한 〈위대한 개츠비〉에서 수많은 영국제 셔츠들을 던지며 소리치는 개츠비의 모습을 기억할 것이다. 데이지는 "너무나 아름다운 셔츠들이에요!"라고 울먹

매혹의 다른 이름,
파리 그리고 파리지앵

이며 셔츠 더미에 얼굴을 파묻는다.

현대에도 셔츠는 남성의 패션을 완성하고 있고, 이제는 누구나 어느 정도의 호사를 누릴 수 있다. 하지만 그 시대의 셔츠는 그야말로 상위 1퍼센트의 재력을 나타내는 상징이었다. 그래서 프랑스는 영국과의 경쟁을 피해 루이 14세 시대부터 전통을 이어온 실크, 망사, 레이스 등의 특수직물 부분에 주력한다. 이는 블루오션이었다. 현대에도 여성들이 '불망(불란서 망사)'이라고 하면 사족을 못 쓴다. 이는 모두 여성복을 위한 소재였고, 20세기 초가 되면서 여성복의 중심이 된 파리에는 수천 개나 되는 고급 의상실이 생겼다.

파리의 사교계는 의상을 자랑하는 전쟁터였다. 17세기 이후로 내려오는 파리 사교계에서 살아남으려면 옷 잘 입는 방법을 배워야 했다. 여기에 인쇄술이 발달하며 패션 잡지도 전 유럽으로 출판되었고, 산업혁명과 함께 여성들의 활동이 왕성해졌을 뿐 아니라 스포츠와 레저를 즐기게 되면서 다양한 스타일의 옷이 필요하게 됐다. 파리에서 패션의 대혁명이 일어나기 시작한 것이다.

영화 〈바람과 함께 사라지다〉에서 비비안 리가 손바닥만 한 드레스를 입기 위해 하녀에게 허리를 조이고 또 조이게 하는 모습을 기억할 것이다. 동시대 파리에서 유행하던 스타일이 미국으로 건너간 것이다. 하지만 폴 푸아레는 여성을 고문하는 코르셋으로부터 해방시켰다. 여기에 한발 더 나아가 샤넬은 레이스로 칭칭 감기는 의상을 입던 여성은 꿈도 꾸어보지 못한 바지를 입혔다. 인어공주가 다리를 얻은 것이다. 게다가 남성복에 쓰는 직물로 수트를 만들어 입히고는 손에 들던 핸드백에 끈을 달아 어깨에 메도록 했다. 지금은 당연한 이런 복장들이 이 시대에는 상투를 자르는 것만큼 파격적이었다. 20세기는 여성이 의상으로부터 자유로워진 시대였다. 여기에 크리스찬 디오르의 여성적인 실루엣의 '뉴룩New Look'과 이브 생 로랑의 '리브 고슈Rive Gauche' 등은 파리의 패션에 새로운 신화를 쓰기 시작했다.

파리가 패션의 도시가 된 것은 우연이 아니다. 물론 자유로운 창작을 허용하는 20세기 초의 예술적 분위기와 전통도 있지만, 프랑스인들에게는 디테일에 집착하는 완벽주의적인 기질이 있었다. 또 정책적으로 수용한 박람회의 역할이 컸다. 패션 산업을 위해 왕과 대통령이 나서서 직접 마케팅의 선두에 선 것이다.

1851년 영국이 제1회 만국박람회를 개최하여 큰 이윤을 남기자, 프랑스는 제2회 만국박람회를 1855년 파리에서 개최하게 된다. 이때 프랑스는 왕이 중심이 되어 자국의 상품들을 마케팅하는 데 주력한다. 이후 여러 번의 만국박람회는 프랑스에 길이 남을 경험을 안겨주었다. 바로 박람회를 통해 자국의 최강점

유행에 무심한 파리지앵은
자신의 수준에 맞추어 다양한 스타일을 즐긴다.

오랜 역사를 통해 선별된 멋이 몸에 배었고,
유행은 알지만 여과하여 취하는 지혜를 갖게 되었다.

인 디자인을 마케팅한 것이다. 패션 산업에서 파리가 독보적인 위치를 차지하게 된 데에는 세계적인 기성복 패션쇼인 '프레타 포르테Prêt-à-Porter'와 오늘날 세계 유일한 고급 맞춤복 컬렉션인 '오트쿠튀르Haute-Couture'가 큰 역할을 했다는 것은 모두가 아는 사실이다. 이러한 박람회를 자국의 영토 안에서 연다는 것은 1800년대부터 몸에 익은 프랑스의 박람회 경험 덕분이다.

물론 밀라노, 런던, 뉴욕 그리고 도쿄에서도 패션쇼는 열린다. 하지만 파리의 상징성은 독보적이다. 왜냐하면 창의적이고 새로운 도전을 받아들일 준비가 되어 있는 도시는 단연코 파리이기 때문이다. 파리는 다른 나라들보다 너그럽고 수용적이다. 파리에서 통하면 세계에서 통한다. 그래서 파리 컬렉션은 실용적이라기보다는 세계의 이목을 집중시키는 최고의 디자이너들이 만들어가는 패션 트렌드의 시발점이다. 'Made In France'라는 문구는 그냥 얻어진 것이 아니라 프랑스인들의 열정과 노력의 산물인 것이다.

프랑스를 대표하는 디자이너의 패션쇼에는 프랑스인보다는 외국인이 대부분이다. 생토노레나 샹젤리제, 몽테뉴 가의 쇼윈도에 코를 처박고 있는 것도 외국인이 대부분이다. 오히려 프랑스 패션 산업에 민감한 것은 미국이나 일본, 한국, 중국 등의 여성들이다. 그러면서도 파리의 명품거리인 샹젤리제 상가에 스웨

덴의 중저가 브랜드인 H&M 매장이 들어온다고 하자 파리의 각 계각층에서 반대가 일어났었다. 루브르 박물관 지하에 맥도널드가 들어온다고 할 때랑 비슷한 반응이었던 것이다. 이는 프랑스 사회가 가지는 명품 개념을 잘 반영해주고 있다. 이들은 철저하게 명품을 자국의 이미지를 투영한 작품으로 보는 것이다. 그들에게 있어 명품은 사업이고, '우리'들은 고객인 것이다. 설렁탕 파는 집에서 설렁탕을 안 먹는 것처럼 말이다. 그래서 정작 이들은 패션이나 유행에서 자유롭다.

유행에 무심한 파리지앵은 자신의 수준에 맞추어 다양한 스타일을 즐긴다. 물론 지갑이 허락하는 한에서 명품을 소비하는 층도 당연히 있다. 최고급의 샹젤리제의 명품매장이나 몽테뉴 가의 최고급의 편집매장부터 싸구려 물건이 가득한 C&A까지 다양한 곳에서 자신의 눈높이로 패션을 완성한다. 그렇다고 파리지앵들이 유행을 싫어한다는 뜻은 아니다. 유행을 외면하는 것이 아니라 일원화와 균일화를 극히 싫어하기 때문에 그저 남이 선택한 옷이나 신을 택하지 않을 뿐이다. 이것이 프랑스가 토론과 톨레랑스의 나라인 이유다. 그리고 그들은 16세기 이후 오랜 역사를 통해 선별된 멋이 몸에 배었고, 유행은 알지만 여과하여 취하는 지혜를 갖게 되었다. 역사는 하루아침에 이뤄지지 않는 법이니 말이다.

은근한 유혹이
더 끌리는 이유

Femme fatale
팜므파탈

요즈음 팜므파탈 femme fatale이라는 단어가 광고에서부터 영화, 드라마, 소설 등에 자주 등장한다. 팜므는 '여성', 파탈은 '운명적인, 치명적인'이라는 뜻을 가지고 있다. 한마디로 팜므파탈은 거부할 수 없이 끄는 마력을 지닌 여성을 뜻한다. 이들은 퇴폐적이었고, 밥 먹듯이 하는 거짓말로 남자를 홀려 성적 노예로 만드는 것은 기본이었다. 심지어 남자의 권력을 빼앗아 쥐고 흔들고 때로는 죽음으로까지 몰아넣었다. 이들 중 뛰어난 팜므파탈은 역사를 쓰기도 했다. 그래서 프랑스에서는 팜므파탈적인 여성을 서양 귀신의 최고봉이라 할 수 있는 뱀파이어 vampire에서 따와

매혹의 다른 이름.
파리 그리고 파리지앵

'뱜vamp'이라고 했다. 타고난 광기 어린 욕망과 섹슈얼리티가 강한 음기와 어우러져 남성을 성적 욕망의 노예로 만드는, 남자들의 양기를 모두 빼앗아 가는 뱀파이어와 같다고 본 것이다. 나쁜 여자 계보 중 정말 피도 눈물도 심장도 없는 인간이라고 할 수 있다.

팜므파탈을 우리말로 하면 '요부' 정도로 해석할 수 있는데, 프랑스의 팜므파탈과는 조금 차이가 있다. 장희빈 같은 한국적인 요부는 피도 눈물도 없이 정기를 빠는 팜므파탈의 이미지보다는 감정이 풍부해 사랑이나 모성애를 충분히 드러낸다. 애써 임금의 후궁으로 들어가도 아들을 낳아 왕에 옹립하려는 목표 외에는 다른 것이 없다. 한국적인 요부는 모성을 배제하지 않을 뿐 아니라, 아예 모성 때문에 요부가 되는 경우도 많다.

하지만 서양 요부들은 이야기가 다르다. 모성애나 사랑 따위는 안중에도 없다. 자본주의가 탄생한 곳답게 물질적이고 퇴폐적일 뿐이다. 그래서인지 기독교가 우세하던 중세에는 매력적인 여자는 위험을 안고 있는 존재로 생각됐다. 기독교적인 경건함을 최고의 가치로 여기던 시대에 아담에게 선악과를 먹여 에덴동산에서 쫓겨나게 한 이브의 후예로, 도를 닦아야 하는 남성의 성적 욕망을 자극하는 뛰어난 미모는 죄악시되었다. 그 때문에 마녀사냥이 일어나고, 예쁜 여자들이 어이없게 화형장의 이슬로 사라지기도 했다. 우리처럼 여성성과 모성, 처녀성 등이 어중간하게 엉클어진 잣대로는 이해가 어려운 사고다.

현대에는 남자들이 영악해진 것인지, 아니면 여성이 똑똑해진 것인지, 아니면 너무 적나라하고 '쿨한' 시대이기 때문인지, 과거의 짱짱한 팜므파탈의 계보가 아쉽게도 거의 사라졌다. 한때 팜므파탈의 콘셉트로 정상에 섰던 브리트니 스피어스는 '팜므파탈'이란 제목으로 음반을 낸 기억이 있는데, 그녀의 데뷔 때 이미지는 정말 그러했다. 하지만 현대의 미디어와 인터넷은 팜므파탈이 존재할 수 없게 만든다. 일상적인 이미지를 너무 많이 소비해버리기 때문이다. 각종 파파라치 사진과 스캔들의 홍수 속에 식상해져 시간이 흐르면 팜므파탈을 표방했던 여인들은 어김없이 초라해진다.

팜므파탈들은 신비의 장막 속에 있어야 한다. 마릴린 먼로, 마돈나, 〈원초적 본능〉의 샤론 스톤의 모습이 머리를 스친다. 이들은 모두 인터넷 이전의 스타들이었다. 그녀들의 인기는 미디어가 없던 시대, "저기 산 너머에 이러이러한 여성이 있더란다"라는 소문의 시대에나 가능했는지 모른다.

팜므파탈은 어쩌면 어떻게 한번 해보고 싶은 여성, 또는 주변의 평범한 여성들과는 다른 스타일의 여성들에게 당해보고 싶은 남성들의 상상이 만들어낸 산물인지도 모르겠다. 어쩌면 모

매혹의 다른 이름,
파리 그리고 파리지앵

든 것은 인간의 환상이 만들어낸 입소문에 불과한지도 모른다. 현대에는 너무 신비주의이면 잊혀지고, 뜨면 소비된다. 인터넷에서 그녀들의 공항 패션이 어떻고, 성형 의혹이 어떻고 떠들어대면, 이는 이미 도달할 수 없는 광기와는 거리가 먼 현실 속의 인물이 되어버리기 때문이다. 남자의 양기로 살아야 할 인물이 세 끼 밥을 꼬박꼬박 먹고 화장실도 간다니……. 팜므파탈로는 뭔가 2퍼센트 부실해지는 것이다.

실존 인물이건 전설이건 팜므파탈은 언제나 있었다. 수메르의 여신 이슈타르, 성경의 살로메, 그리스 신화의 아프로디테, 트로이 전쟁의 원인이 되었던 헬레네, 게다가 바다에 산다는 전설의 사이렌까지. 여기에 역사의 시대에 들어서는 이집트의 클레오파트라나 동양의 양귀비, 유럽에는 전설의 마타 하리가 있다. 한국에서는 장희빈, 장녹수 등 장 씨 집안 여인들이 이 계보를 잡고 있다. 그녀들은 모두 권세의 정점에 선 남자를 홀려 권력을 휘둘렀다.

이렇게 계보를 따지다 보니 팜므파탈이란 남성 중심의 사회에서 필연적으로 생길 수밖에 없는 여성의 유형은 아닌가 생각된다. 여성이 사회에 끼어들 여지가 없던 시대에 남성이 만들어놓은 사회로 진출하기 위해서는 성적 무기가 최선이 아니었을까? 그 성적 무기로 무장하고 남성 사회에 뛰어들어 권력을 좌지우

팜므파탈은 '요부' 정도로
해석할 수 있는데,
이는 프랑스의 팜므파탈과는 차이가 있다.

모성애나 사랑 따위는 안중에도 없고,
자본주의가 탄생한 곳답게 물질적이고 퇴폐적일 뿐이다.

지 한 팜므파탈들 중 프랑스 여성들은 단연 으뜸이다.

전 세계 수많은 나라에 권력을 둘러싼 여인들의 문화가 있지만, 프랑스만큼 그 계보가 확실하며 사회의 한 문화를 이루었던 곳은 없다. 프랑스적 팜므파탈의 계보는 쿠르티잔에서 찾을 수 있다. 고급 창녀를 넘어선 '럭셔리한' 창녀라고도 볼 수 있지만, 이는 터키의 하렘과는 또 다르다. 샤넬처럼 혁명적인 디자이너가 "나는 프랑스의 마지막 쿠르티잔이었다"라고 고백했던 바로 그 쿠르티잔. 쿠르티잔의 어원은 왕이 사는 궁정인 쿠르$_{cour}$에 거주하는 여성들이라는 말이다.

프랑스 궁정의 여인들은 왕 한 사람만 바라보는 것이 아니었다. 궁극적인 목표야 왕의 애첩이겠지만, 어엿하게 결혼을 하고 아이를 낳고 귀족생활을 하는 부인에서부터 사회 하류층 출신으로 거기까지 올라온 여성들까지 다양했다. 현대적인 의미로는 스캔들 많이 일으키고 요염한 여성들을 일컫기도 한다. 하지만 이들은 매춘부와는 확연히 구분된다. 자유롭고 방탕한데다 결혼으로 돈, 명성, 귀족의 칭호 등을 받는 것이 최고의 목표지만, 그녀들은 시, 철학, 예술, 노래, 춤 등 다양한 교육을 받았고, 정치나 비즈니스계의 거물들이나 예술가, 작가, 학자, 귀족들과 대화를 이끄는데 능숙했다. 몇몇 쿠르티잔은 대단한 로비스트로서 정치나 외교에서도 막강한 힘을 발휘해 왕 옆에서 전

매혹의 다른 이름,
파리 그리고 파리지앵

쟁을 중재하거나 일으킬 정도의 힘을 휘둘렀다.

이 시기는 남성적이고 종교적인 사회였기 때문에 여성이 권력에 가까이 가는 방법은 이 길밖에 없었다. 남자를 통해야 돈도, 권력도 잡을 수 있었다. 일단 그러고 난 후에야 비로소 자신의 지성을 보여줄 수 있었기 때문이다. 어찌 보면 재능과 미색을 겸비한 여성들만이 진정한 쿠르티잔이 될 수 있었던 것이다.

18세기 이전에도 전설적인 팜므파탈들이 있었다. 100년 전쟁의 도화선이 되었던 아키텐 공국의 알리에노르도 프랑스의 루이 7세와 열한 살이나 연하였던 영국의 헨리 2세 두 왕을 쥐락펴락했던 당대의 팜므파탈이었고, 젊은 이탈리아 왕비 카트린 드 메디치를 미치게 했던 디안 드 푸아티에는 19세 연하의 앙리 2세를 휘어잡고 놓아주지 않았다.

또한 일본에는 게이샤 학교가 있고, 한국에도 기생 학교가 있었다는데, 18세기 프랑스의 궁정은 팜므파탈의 학교라 해도 과언이 아니었다. 이곳에서는 인간 사회에서 오래도록 통용되던 규정이 적용되지 않았다. 결혼도, 사랑도, 사회적 지위도 상관없이, 그저 권력을 향해 무한 질주하는 과장된 인물들만이 있었다. 루이 14세의 애첩이었던 마담 드 맹트넝, 루이 15세의 정부로 국가의 실세 자리까지 올랐던 마담 드 퐁파두르, 퐁파두르 이후 매춘부 신분에서 루이 15세의 애첩으로 등극한 마담 뒤바리 등 수많은 팜므파탈이 줄지어 몰려 있던 시대가 18세기였다.

궁정은 여성들의 보이지 않는 전쟁터였고, 여기에서 살아남기 위해서는 자신을 어필하고 온갖 지략과 속임수를 동원해서라도 권력자를 사로잡아야 했다. 궁극적인 목표는 물론 왕이었다. 설사 왕의 애첩이 된다 해도 그 총애가 언제 다른 곳으로 갈지 모르는 풍전등화였으니, 모두가 적인 궁 안에서 그 노력은 피 말리는 것이었을 게다. 홀로 살아남아야 한다는 절박감 속에 팜므파탈을 학습하는 데에 모든 것을 걸 수밖에 없었다.

이렇듯이 프랑스는 뼛속까지 여성성의 시대를 거친 나라다. 현대의 연예계 여배우나 패션모델처럼 이들은 전 유럽 여성들의 스타일 아이콘이자 워너비였다. 그녀들이 입은 드레스와 헤어스타일, 좋아하는 음식, 만나는 사람들은 온 나라의 관심사였고, 소문을 타고 유럽 전역으로 퍼져나갔다. 지금도 계속되고 있는 '유행의 도시 파리'의 신화는 이렇게 베르사유로부터 시작된 것이다.

쿠르티잔의 계보는 19세기에서 20세기 초까지 지속되었다. 현재 프렝탕과 라파예트 백화점 뒤쪽을 동에서 서로 가로지르는 그랑 불르바르라는 대로가 있는데, 과거 이곳은 파리의 대중문화를 선도하던 지역이었다. 카페, 레스토랑, 극장들이 줄지어 있고 귀족적이고 공식적인 오페라 대신 길거리의 음악과 연극 공연 등으로 활발했다. 파리에 처음으로 영화관이 생긴 곳도 이 거리였다. 그러다 보니 이곳에는 언제나 불을 쫓는 나방처럼 신분 상승을 꿈꾸며 화려함의 주변을 맴도는 여인들이 장을 열고 앉아 있었다. 쿠르티잔보다는 급이 낮은 거리의 여자들, '로레트'였다. 이들은 돈 있는 예술가나 부자들의 정부로 생활하며, 신분 상승을 기대했다. 현대에도 연예계나 영화판의 음지에서 일부 그런 일이 있듯이, 그녀들의 최종 목표는 돈과 권력이 있는 남자를 잡는 것이었다. 다시 말해, 쿠르티잔이 되는 거였다. 하지만 이들 중 쿠르티잔으로 신분이 상승하는 여성들은 아주 소수일 뿐 대부분의 로레트들이 몸을 팔며 와인처럼 빈티지만 늘어갔다.

베르디의 오페라 〈라 트라비아타〉의 여주인공 비올레타 발레리는 실존했던 '로레트'인 마리 뒤플레시스를 모델로 쓴 것이다. '로레트'들이 특히 밀집해 있던 곳은 현재 파리 9구의 프렝탕 백화점과 라파예트 백화점이 있는 거리의 뒤쪽 노트르담 드 로레트Notre-Dame de Lorette 성당 근처였다. 이 성당의 이름을 따 프랑스인들은 쿠르티잔이 되지 못하고 몸을 팔며 늙어가는 매춘부들을 '로레트lorettes'라고 부른 것이다.

로레트는 상류층에는 섞이지 못했지만 자유분방한 삶을 살았다. 주변에 예술가나 화가들이 모여들어 함께 나름대로의 문화

프랑스 여성들에게 팜므파탈적인 요소는
마치 일상처럼 흔하다.

자의식이 강하고 자기주장을 굽히지 않으면서도
무언가 남성을 유혹하는 은근한 분위기라고 할까.

를 형성했다. 그래서 이 시대의 회화들은 쿠르티잔이나 로레트의 이미지들로 가득 차 있다. 고리타분한 정통 회화에 반해 새로 일어나 인상주의로 총칭되는 신세대 화가들 그룹인 마네, 드가, 르누아르, 쿠르베, 툴르즈 로트렉, 위트릴로 같은 화가들은 그녀들의 무심한 관능미에 매료되었다. 드가의 그림에 나오는 무용수들, 로트렉의 물랭루즈 무희들, 마네의 올랭피아나 〈풀밭 위의 식사〉에 나오는 나체의 여인, 모딜리아니의 그림에 나오는 목이 길고 눈동자가 없는 여인들, 르누아르의 오달리스크 등 우리에게 친근한 그녀들은 모두 이 시대의 로레트들을 모델로 그린 것이었다. 가난했던 인상주의 화가들과 그들이 살며 활동하던 지역이 공통되었기 때문이기도 하고, 이들의 자유분방한 생활 방식이 서로 같았기 때문이다.

문학도 예외는 아니었다. 현대 프랑스 문학을 빛낸 작가들의 작품에는 독보적인 쿠르티잔들이 등장한다. 보들레르의 시, 발자크, 뒤마, 에밀 졸라, 플로베르, 콜레트의 소설에도 쿠르티잔들이 등장한다. 느지막한 아침에 일어나 나른한 몸짓으로 정오에 커피를 마시고 오직 밤의 화려한 파티를 위해 몸치장을 하며 하루를 보내는 그녀들은 나른한 고양이 같았다. 털을 정리하는 데 온종일을 소비하는 고양이는 느긋하게 기지개를 켜거나 느릿느릿 어슬렁거리는 삶을 좋아한다. 남들에게 자신을 보여주는 것 외에는 관심이 없는 것이다. 진정으로 마음을 주는 인간 외에는 다가오지 않으며, 길고양이로 살망정 결코 비굴해지지 않는 그 위엄. 쿠르티잔의 이미지는 마치 마네의 〈올랭피아〉에 그려진 검은 고양이를 연상시킨다.

왜 프랑스처럼 자의식이 강한 여성들이 진취적인 페미니즘에는 냉랭한 시선을 보낼까? 또 남성복 옷감으로 여성의 옷을 만들어 혁명을 일으킨 샤넬이 "나는 프랑스의 마지막 쿠르티잔이었다"라고 말했을까? 이제는 이해할 수 있다. 프랑스 여성들의 전통에는 여성들만의 유대관계가 없다. 그녀들에게 또 다른 여성은 적일뿐이다. 이들의 역사 자체가 서로 다른 성을 유혹하며 이루어진 역사다. 조선왕조 500년 속 왕비와 후궁들의 암투와는 비교도 할 수 없을 정도로 프랑스는 철저하고 경쟁적인 여성들의 시대를 거쳐 왔다. 궁정은 연예계만큼이나 아름다움과 재치를 치열하게 겨루어야 하는 여성들의 전쟁터였다. 철저한 남성 세계 속에서 자신들만의 영역을 확보해온 프랑스 여성들만의 독특한 세계가 있는 것이다.

그래서인지 내가 프랑스를 접하며 느낀 것은 프랑스 여성들에게 팜므파탈적인 요소는 마치 일상처럼 매우 흔하다는 것이다. 우리는 팜므파탈을 클럽이나 TV에서나 소비할 뿐, 현실 세계에서는 여전히 '착한 여자', '모성애로 가득한 어머니'의 이미지가 혼합되어 정체성이 어정쩡하다. 아무리 나쁜 여자도 결혼이나 아이를 생각하면 갑자기 착한 여자 모드로 돌변한다.

그런데 프랑스 여성들은 팜프파탈적인 이미지를 일상적으로 자신의 주변에 깔아놓는다. 자의식이 강하고 자기주장을 굽히지 않으면서도 무언가 남성을 유혹하는 은근한 분위기라고 할까. 그녀들의 언어, 몸짓, 눈빛, 말투 등에 짙게 배어들어 오묘하게 조화를 이루며 프랑스 여성들만의 독특한 매력을 만들어 낸다. 이는 동방 하렘의 여자들이나 숨을 훅 멎게 하는 노골적인 관능미와는 달리, 지적인 겉모습에서 슬쩍슬쩍 나오는 무심한 듯한 관능미다. 또한 푸들 같은 금발의 북유럽이나 미국 여성들과도 다르다.

프랑스적 팜므파탈은 육감적이고 백치미 넘치는 금발의 미녀와는 다른 타입이다. 프랑스 여성들은 대체로 우아하다. 육감적이어도 우아함이 사라지지 않는다. 브리지트 바르도의 젊은 시절이 그랬다. 유혹적이라고만 할 수 없는 눈에 보이지 않는 그 무엇인가가 있는 것이다. 무심한 듯한 몸짓과 태도들, 무언가 모를 오묘한 것, 프랑스어로 '주느세쿠아Je ne sais quoi'라 표현하는 그 무엇이 있다.

여성스러움은 눈에 보이고 만질 수 있는 면에서 비롯되는 것이 아니라 눈에 보이지 않는 면이 더 영향을 미칠지도 모른다.

매혹의 다른 이름,
파리 그리고 파리 지앵

여성스러움은 자연스러움에서 온다고 생각한다. 자신감, 유머 감각, 의지와 모험심, 이런 것들이 수많은 여성이 갈망하는 주느세쿠아를 이루게 해주는 기본적인 토대가 되지 않을까. 최고급 상점에 가서 가장 값비싼 옷을 구입하고 가장 화려한 매니큐어를 칠한다고 해도 그것들을 소화할 수 있는 자신감이 빠져있다면 아무리 좋은 것이라도 그 가치를 상실하니 말이다.

모두 각자의
향이 있는 나라

Parfum
향수

프랑스는 향에 민감한 국가다. 프랑스 전체에서 향이 난다고 해도 과언이 아니다. 향수뿐 아니라 와인의 향기에 치즈의 꼬리꼬리한 냄새까지. 우리의 김치나 된장의 구수함과는 다른 자극적이 향으로 가득 차 있다. 프랑스 친구들과 만나고 헤어질 때마다 양 뺨을 맞대는 친밀한 인사를 나누다 보면, 프랑스인들은 대부분 자기만의 향수를 뿌린다는 것을 알게 되었다. 이로 인해 파리의 지하철이나 엘리베이터에 여성 몇 명이 타면 향수 냄새가 뒤섞여 질식사할 것 같은 경우도 있었다.

나도 향수를 좋아하는 편인데, 개인차는 있겠지만, 동양인의

매혹의 다른 이름,
파리 그리고 파리지앵

향 취향은 서양과는 조금 다른 것 같다. 동양은 꽃이나 식물 등의 자연 계열의 향을 좋아하는 편인데, 서양인들은 아랍과 자주 교류하며 살아온 역사 때문인지 동물 계열, 이를테면 사향이나 오리엔탈 계열을 좋아하는 것 같다. 고급스럽고 절제된 향수들은 내 취향이 아니어도 그나마 참을 만한데, 할인매장 같은 곳에서 파는 싸구려 향수는 너무 노골적인 향을 내서 괴로울 때가 많다.

얼마 전 인터넷 서핑을 하다 향수를 지나치게 사용하는 게 우울증의 증상일지 모른다는 보고가 있다는 기사를 읽었다. 우울증이 사람의 마음뿐 아니라 인체의 후각 기능까지 떨어뜨린다는 거다. 즉, 우울하면 향수를 많이 뿌려도 그 냄새를 맡지 못한다는 말이다. 이 기사를 보니 너무도 개인주의적인 이 오래된 도시에 독신이 많아 그런가 하는 생각도 들었다.

향이 나는 방향 물질을 아로마aroma라고 하는데, 인간은 약 1000여 개의 후각 유전자를 가지고 있어서, 1000가지 종류의 향을 구별해낼 수 있다고 한다. 그러나 인간은 뇌가 발달한 동물이라 분석 능력을 키우는 훈련만 하면 실제로는 이보다 더 많은 약 3000에서 1만 가지 종류의 냄새를 인식할 수 있다는 연구가 있다. 인간도 원시 시대에는 동물만큼 후각이 민감해서 바람을 타고 오는 냄새를 통해 위험과 먹이를 감지하고 적과 아군을 구별해냈을 것이다. 그러나 문명이 발달함에 따라 후각기관이 퇴화했고, 자연계에는 일반인이 인식하지 못하는 향이 많다.

선천적으로 향에 민감한 사람도 있지만, 향수를 다루기 위해서는 일정한 훈련이 필요하다. 향을 분리하고 조합하는 조향사라는 직업은 중세의 향수 장인에서부터 유래한 아주 오래된 직업이다. 와인업계에 소믈리에가 있듯이 조향사는 다양한 향을 조합해서 가장 매혹적인 향을 만들고, 경쟁업체의 향수 안에서 나는 다양한 향을 식별해내기도 한다. 그래서 프랑스어로 조향사를 '네nez, 본래 코를 뜻함'라고 한다. 이 '네'들은 코를 보물처럼 아껴서 절대로 자극적인 음식, 술, 담배 등을 가까이하지 않는다고 한다. 현재도 상업적인 향의 정확한 배합은 철저하게 비밀이다. 향수에 관해 널리 책도 나오고 홍보도 하지만, 이는 이미 알려진 대강의 향 종류일 뿐 여기에 들어가는 미세한 양의 복잡한 재료와 비율은 알 수 없다.

향수의 어원은 라틴어 'per fumum'에서 유래했는데, 연기를 날린다는 의미다. 향을 만드는 기술은 고대 메소포타미아와 이집트에서 시작해 로마인과 페르시아인들이 다듬었다. 《성경》만 해도 향유에 관한 이야기가 118회나 언급된다고 한다. 그것도 《구약성경》에만 113회가 나온다. 그만큼 역사가 오래되었고, 고대인의 삶에 향이 중요했음을 뜻한다. 하지만 중세에 접어들며 기독교와 함께 여성을 죄악시하는 사상으로 향 문화는 어둠 속에 사라졌다. 향뿐 아니라 여성을 돋보이게 하는 화장이나 화관, 꽃목걸이 등 여성성을 풍기는 모든 향이 악마의 인공품으로 여겨졌다. 생물학적으로 향이란 유혹하기 위해 존재하기 때문이다.

꽃은 향으로 벌을 유혹하고, 동물은 페로몬이라는 방향 물질을 분비해 다른 성을 유혹한다. 인간도 같다. 유혹의 달인들인 클레오파트라는 권력자를 유혹하기 위해 장미 기름으로 목욕하고 온몸에 장미 향수를 뿌렸다. 양귀비는 향을 바르다 못해 환약으로 만들어 삼켰다고 한다. 그리 멀지 않은 시대의 여성 중에는 알몸에 샤넬 NO.5만 뿌리고 잔다던 마릴린 먼로가 압권이다.

이런 향수가 다시 서유럽에 알려진 것은 십자군 원정을 통해서였다. 중세에 끊어진 향의 맥이 아랍을 통해 다시 들어온 것이다. 알코올 증류법이 소개되고 증류기인 알람빅Alambic의 완성도가 높아지며, 1221년 피렌체의 산타마리아 노벨라 수도원의 수도사들은 향수를 뽑는 레시피를 완성하게 된다. 이때부터 조향사는 장인의 반열에 올랐다. 그들은 꽃, 허브 등을 알람빅에 끓여 증류하여 에센스를 뽑아 이를 알코올과 배합했다. 현재에도 산타마리아 노벨라 수도원의 유기농 화장품이나 비누 등은 피렌체를 가면 꼭 몇 개씩은 사오는 제품들이다.

이때부터 피렌체의 향수 장인들은 연금술사처럼 각각의 에센

프랑스는 향에 민감한 국가다.

이 나라 전체에서 향이 난다고 해도 과언이 아니다.
파리지앵 대부분은 자기만의 향수를 뿌린다.

스를 일정한 비율로 배합하여 비밀의 향을 만들었다. 그리고 귀족들조차 목욕을 자주 할 수 없던 시대에 나쁜 냄새를 없애기 위해 빈번히 사용되었다. 요즘 같은 향수가 등장한 것은 대략 14세기 중반이다.

현재는 프랑스가 향수의 종주국이지만 프랑스에 향수가 들어온 것은 이탈리아의 피렌체로부터였다. 요리나 와인, 예술 등 모든 문화와 마찬가지로 향도 이탈리아에 빚지고 있다. 16세기 초 이탈리아 메디치 가문의 공녀 카트린이 시집을 올 때 따라온 요리사를 비롯한 수십 명의 수행원 가운데 향수 장인인 레나토 일 피오렌티노가 끼어 있었던 것이다. 향을 좋아하던 카트린 왕비 자신의 처소 옆쪽에 연구실을 만들고 그를 비밀통로로만 드나들게 했다. 향수 장인이 사람들이 다니는 길로 다니다가 그 조합 방법이 도둑맞지 않도록 한 것이다. 프랑스가 향수 공화국이 된 것은 이 레나토 덕분이다. 이때부터 프랑스는 유행을 주도하는 나라, 향수와 화장품 제조의 중심지가 되었다. 1533년엔 파리에 첫 향수 전문점이 생겨났다.

현재 프랑스 향수의 본산지인 프로방스 지역의 그라스Grasse는 향수 산업의 중심지다. 니스Nice나 칸느Cannes에서 자동차로 30분 정도의 거리에 있는 이 도시는 세계 향수 원액의 60~70퍼센트를 생산하며 주민 대부분이 향수 산업에 종사한다. 장미 원액 1리터를 만들려면 장미꽃 3톤이 필요하기에, 프로방스는 전체가 꽃밭이다. 포도원 옆에 라벤더, 장미, 미모사 등의 꽃밭이 끝없이 펼쳐진 모습은 다른 지역과는 또 다른 장관이다. 아프리카나 동남아시아, 중국, 아랍 등의 귀한 향수 원료들도 모두 이곳으로 모여든다. 이 지역의 유명한 향수 제조업체 중 유서 깊은 프라고나르Fragonard, 몰리나르Molinard, 갈리마르Galimard 등은 방문객들을 위한 견학 코스도 마련하고 있는데, 그중 프라고나르는 파리 시내 한가운데인 오페라 바로 옆에 향수 박물관을 운영하고 있어서 남프랑스까지 갈 수 없는 사람들에게도 향 체험의 기회를 준다.

그라스가 향수의 도시가 된 이유는 아이러니하게도 르네상스 시대에 이곳이 가죽 가공업이 발달한 지역이었기 때문이다. 특히 장갑을 많이 만들었는데, 타닌에 가죽을 가공하고 나면 그 냄새가 아주 역했다. 이를 없애기 위해 향이 나게 하는 방법을 연구하게 된 것이다. 그라스의 가죽가공 장인이던 갈리마르는 향기가 나는 가죽장갑을 만들어 이를 카트린 드 메디치에게 선물했다. 향을 좋아하던 카트린 왕비는 감동했고, 이는 곧 전 유럽의 상류사회에 유행하게 되었다. 이때부터 그라스는 향수 제조의 중심지로 발전을 시작했고, 남프랑스에는 향수 제조를 위한 꽃 재배가 발달했으며, 현재에도 그라스는 전 도시 수입의

매혹의 다른 이름,
파리 그리고 파리지앵

절반 이상이 향수에 관련된 것이다.

신 중심의 암흑기였던 중세가 끝났음을 알린 르네상스 시대는 신이 아니라 인간에게 초점을 맞춘 시대였다. 문화와 예술이 부활하자 아름다움에 대한 기준도 바뀌었다. 프랑스에서 향수가 산업의 한 부문으로 확실히 자리 잡은 것은 17세기부터였다. 억압되어 있던 미의식이 폭발하여 과장되고 괴기스러울 정도로 마음껏 멋을 뽐내는 바로크 시대가 도래한 것이다.

이 시대의 주역이던 루이 14세는 유달리 향수에 관심이 많았다. 향을 좋아하기도 했지만, 이는 화장실이 제대로 설비되지 않은 베르사유 궁전의 시설을 무마하기 위한 자구책이기도 했다. 베르사유에 화장실이 없다는 이야기는 우리도 알 정도로 너무도 유명하니 말이다. 게다가 난방시설이 제대로 되어 있지 않아, 왕과 아름다운 귀부인들은 겨울철에 요강으로 생리적인 문제를 해결하였다. 환기시설이 없는 궁은 거대한 화장실이나 다름없었을 것이다. 그래서 너도나도 향수로 악취를 가렸다. 귀부인들은 고래 뼈로 만든 딱딱한 코르셋(박물관에서 보면 마조히스트적 학대용 도구 같아 보인다!)으로 온몸을 조이고, 치마는 한껏 부풀리고 있어서 허리를 굽힐 수 없었으므로 모든 일을 서서 해결할 수밖에 없었다. 그리고는 속바지에 달린 작은 주머니에서 향수를 꺼내 마무리를 했다고 하니……. 끔찍하기도 해라!

처음에는 이탈리아에서 생산된 식물 베이스의 향수를 수입했지만, 점차 자국에서 개발한 강력한 동물 베이스의 향을 선호하게 되었고, 몸뿐 아니라 의상과 구두, 장갑에까지 분무했다. 나폴레옹 시대의 여성들은 너무 노골적이고 강한 향을 뿌려대던 지난 세기와는 달리 연한 향수를 선호했다고 한다.

현대적인 향수는 19세기 산업혁명과 함께 향을 화학적으로 합성하며 시작됐다. 자연계의 향만으로는 도달할 수 없는 향의 영역에 도달한 덕분이다. 현대에도 각 브랜드의 향수 배합은 극비사항이다. 20세기 이후 향수는 샤넬 NO.5를 필두로, 여성들의 필수품이 되다시피 했다. 이 시대에는 프랑소아 코티, 겔랑 가문, 장마리 파리나 등 유명한 향수 장인이 있었다. 이들은 중세의 연금술사처럼 개인적인 작업실에서 자신만의 비밀스러운 향을 조합했다.

그러나 20세기가 되며 패션하우스에서 향수를 생산하기 시작하자 향수 장인은 그 명맥이 끊어지게 된다. 사회의 요구에 따라 패션하우스들이 기업화되면서 향수 제조사도 대형화되어 과학적으로 향을 다루게 되었기 때문이다. 향수 장인은 대형 향수 제조회사에 소속된 조향사라는 새로운 직업으로 변했다. 이제 현대의 조향사들은 유명 메이커들의 외주를 받아 일한다. 직접 조향사를 따로 두고 향수를 생산하는 브랜드는 샤넬, 겔랑, 파

매혹의 다른 이름,
파리 그리고 파리지앵

향을 좋아하기도 했지만,
루이 14세는 유달리 향수에 관심이 많았다.

그러나 화장실이 없었던
베르사유 궁전에서는 너도나도 향수로 악취를 가렸다.

투, 에르메스, 카르티에, 이 5개 브랜드뿐이다.

또한 20세기 초에 유럽을 휩쓴 예술 사조인 아르누보를 만나며 향수병도 예술의 반열에 들어섰다. 아르누보의 특징이 식물의 곡선을 모티브로 한 아름다운 곡선이다 보니 만지기 쉬운 재료인 유리 공예가 발달했기 때문이다. 향수병에 애착을 보인 유리 공예가 중에서도 르네 라리크나 바카라, 티파니의 작품들은 가장 아름다운 예술품으로 여겨진다. 유리를 입으로 불어 손으로 일일이 채색하고 성형해서 만든 유명 디자이너의 작품은 그 가격이 어마어마해 일부 상류층만이 쓸 수 있었다. 이후 라리크는 어느 정도 양산이 가능한 보급품으로 아름다운 향수병을 창작하기 시작했다.

현대에도 피카소의 딸로 조부가 조향사라 향에는 일가견이 있는 팔로마 피카소, 여성의 바디라인을 강조, 세련된 패션으로 승화시키는 디자이너로 정평이 나 있는 몬타나, 여성이나 남성의 몸을 주제로 향수병을 디자인한 장 폴 코티에 등은 매혹적인 향과 함께 예술적인 향수병으로 유명하다.

화장품 대국의
무심한 아름다움

Toilette
화장

전 세계 여성들은 화장품 중에서도 '메이드 인 프랑스' 제품에 열광한다. 패션과 더불어 뷰티 산업의 최강국 프랑스. 프랑스어로 화장을 '투알렛toilette'이라 발음하는데, 이는 현대 프랑스에서 화장실을 뜻하기도 한다(한국에 수세식 변기가 도입되면서 화장실化粧室이라는 말을 쓰기 시작했는데, 이 역시 '화장'과 연관이 있는 것으로 보아 프랑스어가 일본을 통해 들어온 것이 아닌가 싶다.).

'투알렛'은 17세기 말부터 각종 화장품을 올려놓는 테이블이나 몸을 치장하는 행동을 뜻했다. 이 시대는 프랑스의 궁정문화가 정점에 있던 시기였는데, 귀부인들은 화려한 레이스로 덮인 테이블 위에 커다란 거울을 올려놓고 각종 화장품과 머리 손질용 도구, 의상용 장식품 등을 쭉 진열해놓고 썼다. 이 테이블을 포함한 모든 물품을 총칭해서 '투알렛'이라 하였는데, 프랑스에서 시작한 이러한 화장대는 곧 온 유럽의 여성들에게 대유행이 되었다. 아름답게 장식된 방에서 몸을 치장하는 귀부인과 시중드는 하녀들. 매일 예식처럼 행하는 이 모든 치장 자체가 곧 '투알렛'인 것이다.

잠자리에서 일어난 여인들이 비밀스럽게 행하던 첫 번째 투알렛은 바로 세수였다. 지금이야 당연하지만, 중세의 칙칙하고 을씨년스런 궁정에서는 목욕도 거의 안 했는데, 매일 얼굴을 씻는 문화는 완전히 새로운 라이프스타일이었다. 그래서 지금은 당연하게 하는 매일 아침의 세수가 이 시대에는 화장에 속했다. 그리고 이렇게 물과 화장이 한 공간에서 이루어지던 전통은 현대의 화장실로 연결됐다.

18~19세기경 영국에서는 가발에 파우더를 뿌리는 것이 유행이었다. 그래서 상류층의 침실에는 파우더 가루를 뿌리는 '파우더 클로젯powder closet'이라는 공간이 있었다. 가루를 뿌린 뒤에는 손을 씻어야 했으므로 그곳에 물을 비치하게 되었고, 이는 화장하는 방, 그리고 이후 수세식 변기가 도입되면서 화장실을 의미하는 말로 쓰이게 되었다. 백화점이나 쇼핑몰의 여성 전용

화장실에 있는 파우더 룸 역시 이러한 문화와 연결된다. 유럽의 고급 주택에는 대부분 욕실 옆에 화장품을 진열해놓는 방이 딸려 있다. 한국의 욕실은 씻는 것 중심이고 물청소로 청결을 유지하기 때문에 한국의 주거문화에서는 화장대를 안방에 모신다. 반면 서양의 욕실은 단순히 씻는 공간이 아니라 화장을 하는 공간이므로 습기가 차지 않고 항상 뽀송뽀송하게 건조함을 유지한다. 화장실에 카펫까지 깔린 곳이 많아 프랑스 생활 초기에는 도무지 적응이 안 되었다.

그럼 화장은 언제부터 시작된 것일까? 화장의 기원은 제식祭式과도 무관하지 않으니 석기 시대 사람들도 현대의 아프리카 부족들처럼 몸과 얼굴에 화장했을지도 모를 일이지만, 기록으로 나타나는 것은 이집트의 벽화에서부터다. 특히나 눈 화장과 빨간 입술은 아주 선명하다.

벽화 속의 그녀들은 모두가 눈 주위를 굵고 검은 아이라인으로 둘러치고 있다. 그 모습은 스모키 화장의 원조라고 해도 손색이 없어 보인다. 그런데 사실 이 아이라인은 아프리카의 사막 지대에 사는 독파리나 개미 등의 해충으로부터 눈을 보호하기 위해서였다고 한다. 야구선수들이 자외선으로부터 눈을 보호하기 위해 판다 눈 화장을 하는 것과 같다. 또한 그 시대에는 남성도 화장을 즐겨 투탕카멘의 무덤에는 왕이 사후세계에서 쓸 수 있도록 화장품과 미용 크림을 넣은 단지를 부장했다.

올림픽과 같은 운동경기와 연극, 축제 등이 성행했던 그리스와 로마 시대에도 외모는 사회생활의 주요한 부분이었다. 특히 검투사의 결투 등 대규모 이벤트와 공연, 목욕문화 등이 성행했던 로마 시대에는 더욱 화장에 공을 들였다. 남성도 화장을 하고 향수를 즐겼다.

여기에 창백한 피부 표현을 위해 납 성분이나 독성이 있는 식물의 뿌리 등이 들어간 흰색의 분을 사용했는데, 그 독성 때문에 얼굴이 상하고 납 중독으로 생명에 위협을 받는 일도 많았다. 그 시대에는 중금속의 위험을 몰랐기 때문에 납으로 만든 그릇에 요리하거나 와인을 마시기도 했다. 당시 무슨 병인지도 모른 채 얼굴이 푸르죽죽해지며 시름시름 앓다 죽어가는 사람들이 많았는데, 이들 대부분이 납 중독이었다는 해석이 있을 정도다.

5세기 말 로마가 멸망한 후 유럽은 자유로운 사고와는 거리가 먼, 종교적인 억압의 시대로 들어섰다. 보는 각도에 따라 문화적인 정체기라 할 수도 있고, 나름대로 독자적인 중세 기독교 문화가 발전한 시대라 할 수도 있겠다. 어찌 됐든 중세 시대에는 기독교의 영향으로 여성을 악의 근원으로 보았다. 예쁜 여자일수록 억압은 더욱 컸다. 남성을 유혹하는 자태 때문이었다. 목

매혹의 다른 이름,
파리 그리고 파리지앵

'투알렛'은 17세기 말부터
각종 화장품을 올려놓는 테이블이나
몸을 치장하는 행동을 뜻했다.

잠자리에서 일어난 여인들이 비밀스럽게 행하던
첫 번째 투알렛은 바로 세수였다.

욕이나 화장은 죄악시되었고, 극단주의자들은 화장이 악마와 공모하여 육체의 부패를 가져온다고 생각했다. 하지만 극과 극은 통한다고 금욕이란 언제나 욕망과 함께 공존하는 법이다.

아이섀도나 볼 터치 같은 색조화장품을 프랑스어로 파르fard라고 하는데 이 단어는 중세의 어둠에 빠져 있던 12세기에 생겼다. 그 당시 귀족들은 파운데이션과 립스틱을 사용하고, 염색과 향수를 즐겼다. 또한 많은 여성이 고대에서부터 내려오는 비밀스러운 조합으로 미용의 연금술을 이용했다. 문제는 로마 시대와 마찬가지로 여전히 중금속의 위험을 몰랐고, 또 설사 알았다 해도 이를 해독하는 기술이 없었다. 많은 사람들이 중금속 중독이 되어 얼굴이 시체처럼 검게 변했다니, 보수적인 성직자들이 화장은 악마를 불러온다고 믿은 것도 무리는 아니다. 19세기까지도 화장품에는 화가들이 쓰는 물감과 같이 납이나 수은이 많이 들어갔다. 지금과 같이 화학적으로 중성화된 화장품을 쓰게 된 지는 얼마 되지 않은 것이다.

14세기부터 16세기에 찬란한 문화, 예술의 부활을 가져온 르네상스는 중세의 신 중심의 미적 감각을 전혀 다른 시각으로 바꾸어 놓았다. 그 중심을 인간에 맞추게 된 것이다. 여성의 아름다움에도 솔직하게 눈을 떴다. 신성한 여성성에서 피와 살을 가진 육적인 여성을 의식하게 되면서 미에 대한 기준 자체가 바뀐 것이다. 16세기 말에 이탈리아의 최신 미용법이 프랑스로 건너왔고, 궁정인을 중심으로 '유행'이라는 개념도 싹텄다. 루이 14세 시대에 궁정문화는 최고의 정점을 찍고 그동안 귀족의 전유물이던 화장은 모든 사회계층으로 퍼져나갔다.

이 시대의 문화는 화려하고 사치스럽지만, 남성적이라는 표현이 어울렸다. 바로크라는 명칭을 부여받은 장식미술은 모든 분야에서 과도하고 향락적이어서 여성적인 섬세함보다는 허풍에 가까운 남성적 기질이 강했다. 유럽 궁정의 유행을 주도했던 프랑스의 궁정인은 남녀 모두 염색을 즐겼고 백분을 온몸에 뿌리는 등 치장을 위해 아침 시간을 모두 허비했다. 그 어느 시대보다 진한 메이크업을 해서 인간이 마치 백랍인형처럼 창백해 보였고, 밝고 강한 눈썹에 뺨에는 발그레한 연지로 물을 들였다.

루이 14세의 서거 후, 루이 15세와 16세의 시대에는 이전 시대의 무거운 예식을 집어던지고 여성들이 전방에 나섰다. 프랑스를 가장 프랑스답게 만든 로코코 시대는 여성들의 시대였고, 여성의 화려함이 정점에 달한 시대였다. 로코코는 중세부터 르네상스를 거쳐 바로크에 이르기까지 너무도 이성적인 것에 무게를 두었던 무거운 남성성에 반발해 일어난 가볍고 감성적인 사조였다. 그래서 로코코 장식에는 순수예술성이나 정신적인 면이 없다. 영적인 것은 밖에 내다 버리고, 인간의 에로틱함에 대한 솔직함, 순간적인 감성 등 감각의 즐거움만이 살아 있을 뿐이다. 프랑스의 모든 럭셔리의 시발점은 뿌리가 깊지만, 그 섬세함은 바로 이 로코코에 기반을 둔다. 철저히 여성성을 강조하는 이 시대를 거치며 프랑스는 뷰티 산업 국가로 거듭날 수 있었다.

루이 15세의 애첩이었던 마담 퐁파두르와 마담 뒤바리, 그리고 루이 16세의 왕비였던 마리 앙투아네트 등은 공적인 투알렛 방을 가지고, 화장하면서 방문객을 맞았다. 이곳을 출입할 수 있다는 것은 곧 권력을 상징했다. 왕을 좌지우지하는 여성이 몸을 치장하는 방에 드나들 수 있는 사람이란 최측근이 아니면 어려운 일이었기 때문이다. 이 여인들이 입은 옷이나 화장술, 헤어스타일은 현대의 스타 마케팅과 다를 바 없었다. 그녀들은 당시의 '워너비Wanna be' 스타였고, 시쳇말로 '완판녀'였던 거다. 파리뿐 아니라 유럽 모든 궁정의 여성들이 이를 따라잡기 위해 안달이었다.

이 시대 유행했던 화장법은 하얀 얼굴과 창백한 안색으로, 여인들은 이를 위해 목숨을 걸었다. 서양에서는 흰 살결 아래 비치는 푸른 실핏줄을 푸른 피Blue Blood라 부르며 귀족 가문의 자손을 상징하는 표식으로 생각했다. 프랑스 왕가의 문장이 푸른 백합인 것도 우연이 아니다. 그래서 이 시대의 귀족들은 명문가의 자손임을 표시하기 위해 관자놀이와 목, 드러낸 가슴,

어깨 부분의 혈맥을 파란색으로 두드러지게 화장을 했다. 창백한 흰 얼굴과 지그시 눈을 내리깐 쓸쓸한 표정 등 마치 폐결핵 환자 같은 모습이 황후를 비롯한 궁중 여인들 사이에서 유행했다. 귀족 여인들의 일상이란 일은 전혀 하지 않고 낮에 느지막이 일어나 밤에 파티나 하며 세월을 보내니 해를 볼 일 없어 피부가 흰 것이 당연했을 것이다.

게다가 재미있는 것은 현대인에게는 애물단지인 눈 밑의 다크 서클이 피부를 더욱 창백하고 애잔해 보이게 한다고 하여 일부러 이를 만들기 위해 밤을 새우며 책을 읽었다는 것이다. 여기에 마치 서클 렌즈를 낀 것처럼 동공을 확대하기 위해 풀에서 추출한 독액을 안약처럼 넣는 위험을 무릅쓰기까지 했다. 참으로 위험한 일이 아닐 수 없었다.

혁명으로 절대왕정의 화려한 시대가 막을 내리고 나폴레옹의 시대를 지나 20세기 초까지도 이런 창백한 폐병 환자 놀음은 멈추지 않고 지속되었다. 문제는 이 당시 유독성 금속 산화물이 섞인 화장품 사용으로 피부가 더욱 손상되었고, 이렇게 악화되는 피부를 가리기 위해 더욱 다양한 종류의 연지를 발랐다는 점이다. 현대에는 성형이 그 자리를 대신하고 있지만, 근대가 되기까지 아름답게 보이기 위한 여성의 피부는 악순환의 연속이었다.

극과 극은 통한다고
금욕이란 언제나 욕망과 함께 공존하는 법이다.

12세기 중세의 귀족들은
고대부터 내려오는 비밀스러운 조합으로
미용의 연금술을 이용했다.

이런 기상천외한 사치의 시대인 로코코 시대, 왕족과 상위 5퍼센트의 귀족을 제외한 평민들의 삶은 말이 아니었다. 화장은 귀족 부인들과 뒷골목 매춘부들만의 유희였다. 평민들은 하루 종일 밖에서 일하다 보니, 피부는 검게 그을리고 화장은 꿈도 못 꾸었다. 그래서 검은 피부는 하층민의 상징이었다. 프랑스 혁명이 일어난 것은 당연한 결과였다. 하지만 특수 계층 여성들의 짙은 화장은 지금과 같은 형태의 근대 화장품 산업을 태동시키는 원동력이 되었다.

아이러니하게도 이런 기괴하고도 불균형한 시대를 지나면서 프랑스의 문화는 엄청난 발전을 할 수 있었다. 일하지 않고 몸만 가꾸는 귀족 부인들이지만 나름의 역할을 충실히 했는데, 그중 하나가 프랑스 여성들이 지적 유희를 즐겼다는 것이다. 진실이건 허풍이건 학식을 자랑하는 것은 이 시대의 문화적 코드였고, 하나의 큰 물결이었다.

귀부인들의 살롱을 중심으로 많은 인재가 배출된 것도 이 시대였다. 살롱을 중심으로 이루어진 자유로운 사고와 토론은 문학과 철학의 발달을 가져왔고, 이는 결과적으로 인간의 사고에 전환점을 주었다. 그때까지 과학은 철학이나 인문학, 연금술, 점성술 등과 분리되지 못하고 이론적으로만 존재했다. 화장품을 만드는 화학도 지하의 어두컴컴한 방에서 금이나 불로장생의 약을 만들기 위해 '수리수리 마수리' 하고 있던 연금술사들의 몫이었다. 그러나 철학이 발달하며 예기치 않게 머리로만 사고하던 과학에 전혀 새로운 관점을 열어준 것이다.

여기에는 17세기의 위대한 철학자 르네 데카르트의 영향이 컸다. 그는 세상의 현상을 사유하는 데 있어 모든 것을 의심에서 시작하라고 했다. 이 말은 별거 아닌 것 같지만, 인류에 지대한 영향을 미쳤다. 말이나 글로만 하던 과학을 완전히 다른 학문의 길로 들어서게 했으니 말이다. 이를 통해 자연계에서 일어나는 모든 현상을 의심해보고 직접 눈으로 관찰하고 실험하고 경험한 후에 결과를 도출하기 시작한 것이다. 결국, 이는 그동안 두루뭉술하게 이론 학문과 연결되어 있던 과학을 실험과학으로 끌어냈다. 또한 연금술에서 화학이 떨어져 나오면서 화장품에도 일대 혁명이 일게 된다.

전통적으로 연금술이 발달했던 프랑스는 이때부터 화학을 주도했다. 재미있는 것은 프랑스 혁명정부는 패션이나 미용을 죄악시했지만, 아이러니하게도 이 시대에 화장품 산업이 눈부시게 발전했다는 것이다. 왜냐하면 혁명정부가 가장 중요시한 것이 과학이었고, 과학의 발달은 뷰티 산업의 발달을 가져왔기 때문이다.

프랑스 혁명 이후 오스트리아와 프로이센, 영국 등 유럽의 모든 강대국들은 연합하여 프랑스를 공격했다. 프랑스는 포위되어 육지뿐 아니라 바다에서도 봉쇄됐다. 많은 원료를 외국에서 수입하던 프랑스는 항복하지 않으면 파멸할 위기에 놓여 있었다. 하지만 공화국의 지도자들은 굴복 대신 프랑스에서 나오는 자원을 이용해 화학적으로 수입 원료를 대체할 자원을 생산하는 연구에 투자하기로 했다. 이것이 프랑스의 저력이었다. 이는 나폴레옹 시대에도 마찬가지였다. 나폴레옹이 가장 중요시한 것은 과학의 발달이었다. 그중 특히 화학을 장려했다.

더욱이 여기에 프랑스 지도자들이 큰 기여를 했다. 프랑스 지도자들의 가장 큰 특징은 어떤 이슈가 생기면 이를 왕 주도, 국가 주도로 이끌어 하나의 체계로 완성한다는 것이다. 이런 전통이 지금의 프랑스를 만들었다. 왕립과학협회를 예로 들면, 영국은 과학자들 개개인이 연회비를 내 서로 발표를 하는 학회의 성격이 강했던 데 비해, 프랑스는 왕이 주도하여 과학자들의 협회를 구성해주고 월급을 주고 후원하는 시스템이었다. 어느 것이 좋고 나쁘고의 차이는 없다. 이로 인해 영국은 일반적이고 다양한 분야의 과학이 발달하고, 프랑스는 범국가적으로 미는 산업이 발달하게 되었다는 차이만이 있을 뿐이다.

근대 화학의 아버지라 불리는 라부아지에나 미생물의 아버지라 불리는 파스퇴르가 프랑스 사람인 것이 우연은 아니다. 이들의 연구는 화학혁명이라는 이름을 얻었고, 이로써 프랑스의 화학 공업은 눈부시게 발달하여 유럽 최고의 우위를 차지하게 되었다. 현대에도 프랑스는 화학 학교라는 특이한 기관이 있다. 이곳은 일반 대학의 화학과와는 달리 화학 공학에 가까운 것을 가르치고, 졸업과 동시에 공대생과 같은 엔지니어 자격증을 수여한다.

프랑스는 화장품 개발과 제조의 선구자였으며, 현재도 화장품 대국이다. 세계 제1위의 화장품 업체인 로레알 L'Oréal도 프랑스 회사다. 그래서인지 프랑스에는 화장품의 선택 폭이 넓어 자기 지갑 수준에 맞는 피부 관리가 일상화되어 있다. 프랑스 친구네 집에서 3주를 보내는 동안 놀랐던 것은 나이 드신 할머니가 목욕탕에 셀룰라이트 관리 제품을 여러 개 놓고 쓰는 것이었다. 내 또래 중에서도 이런 제품을 쓰는 것이 일반화되지 않았는데, 엄마 세대의 중산층 여성이 이런 제품을 갖추고 쓰다니 참 화장품이 발달한 나라라는 생각이 들었다. 이는 아주 고가 제품만 있는 것이 아니라 슈퍼나 대형마트에도 중저가의 다양한 제품들이 수없이 있어 편한 가격에 선택할 수 있기 때문이 아닐까 싶다.

16세기부터 유행의 본고장이라는 오랜 역사를 통해 미적 개념이 여과되고 정리되어 프랑스 여성들은 개성보다 더 멋있는

건 없다는 것을 깨우친 듯하다. 그녀들은 연예인을 좇는 '냄비성' 트렌드에는 관심조차 없다. 패션과 마찬가지로 화장도 자기식으로 즐긴다. 프랑스의 화장품 회사들은 유행을 선도하지만, 이는 주로 외국 여성들이 소비한다. 무심함 때문인지 프랑스 여성들은 아름다움에서도 일상과 마찬가지로 느리게 가는 편을 주로 선택한다. 피부과나 성형외과에서 받는 인위적이고 빠른 결과보다는 자신의 피부에 가장 맞는 화장품과 주름을 벗 삼아 함께 가는 것이다.

명품의 뒷모습

Luxe
명품

'우리는 타인의 욕망을 욕망한다.' 자크 라캉의 말처럼 우리는 타인의 욕망을 나의 욕망이라 착각하며 소비하고 있는 중일까.

파리는 그 자체가 하나의 명품이다. 세계 최고의 명품거리로 전 세계 여성들의 선망이 되고 있는 샹젤리제와 몽테뉴 그리고 포부르생토노레 거리를 품고 있는 도시, 파리지앵이라는 이름만으로도 시크함이 철철 묻어나는 우아한 도시, 그러면서도 사람을 구속하지 않고 자유와 평등을 상징하는 도시, 그래서 누구나 여행을 꿈꾸는 도시다. 사치품은 바로 이 도시에서 태어났고 그래서 이곳은 이름만으로도 고급스러운 후광이 비친다. 파리

매혹의 다른 이름,
파리 그리고 파리지앵

는 그런 도시다.

아름다운 귀부인들과 잘 차려입은 지성인들이 모여드는 살롱의 사교 클럽, 왕 자체가 하나의 럭셔리한 런웨이의 모델이 되었던 시대를 산 민족, 그래서 자유와 평등과 박애를 외치던 프랑스 대혁명조차 파리의 이 우아한 전통을 멈추지는 못했다. 그 시대부터 오랜 시간 다져온 안목과 세련됨으로 파리는 모든 것을 융합한 찬란한 명품들을 창조했다. 파리의 이미지를 등에 업은 명품의 거부할 수 없는 매력은 전 세계 여성들의 마음을 사로잡고 놓아주지 않는다. 마치 남성들이 스크린 속의 신비로운 여주인공을 한 번쯤 품고 싶어 하는 것과 닮았다.

프랑스는 어떻게 명품의 대명사가 되었을까? 이는 중세와는 완전히 달라진 사회 시스템 덕이었다. 어떤 시대에나 귀한 물건은 존재해왔다. 고대에도 보석은 있었고 금이나 은은 귀한 금속이었다. 그리스 시대에도 명품은 존재했던 것 같다. 소크라테스는 "사치는 만들어진 빈곤"이라고 했다. 명품 소비행태에 대한 고대 그리스 시대의 말이 지금 시대에도 딱 들어맞는다. 그러나 그 당시의 명품은 우리가 지금 생각하는 것과는 그 의미가 다르다(그 시대에는 정말 귀중한 금속으로 만들었기 때문에 귀한 물건들이 있었다.).

중세 유럽은 대부분 농업 국가였다. 땅을 가진 영주가 소작농들에게 땅을 빌려주고 생산물을 거두어들이는 봉건제도가 오래도록 지속됐다. 상위 5퍼센트인 귀족과 성직자들은 무위도식하고 나머지 95퍼센트의 평민들은 죽어라고 일만 했다. 사회적 신분 상승은 디즈니가 만들어낸 신데렐라의 꿈일 뿐이었다. 그래서 이 시대에는 특별히 자신을 과시하지 않아도 소유한 땅의 크기로 그 사람의 사회적 위치와 권력이 드러났다. 귀족들은 끝이 보이지 않는 자신의 영지를 내려다보는 높은 언덕에 성城을 짓고 살고 있었고, 그 밑에는 수공업자들이 살면서 성에서 필요한 물건들, 즉 말안장이나 섬유, 레이스, 생필품 등 귀족들만 사용하는 물품들을 만들어 납품했다. 그러니 신분이 높은 자는 100미터 앞에서 슬쩍 보기만 해도 티가 났다. '모방'이 존재하지 않으니 굳이 특별한 물건으로 거들먹거릴 필요가 없었다는 말이다.

사회 체제가 봉건제에서 절대왕정으로 바뀌며 지방의 영지는 국가에 귀속되고, 귀족은 국가에서 녹을 받는 관리가 되었다. 거처도 왕이 있는 행정수도 주변으로 옮겼다. 그러면서 세상이 바뀌기 시작했다. 인간은 누구나 남에게 돋보이고 싶어 하는 욕망이 있기 마련이다. 그런데 이제 좁은 도시에 모여 도토리 키 재기를 하게 된 귀족들은 무엇으로 자신을 돋보일 것인가? 시골에 아무리 땅이 많아도 집에 두고 온 황금 송아지일 뿐 보여줄

매혹의 다른 이름,
파리 그리고 파리지앵

수 없으니, 뭔가 거들먹거릴 증명서 같은 물건이 필요하게 된 것이다. 이는 '척하는 된장 심리'의 시작이랄 수도 있다.

특히 루이 14세는 현대적인 명품의 의미를 만들어낸 주인공이라고 할 수 있다. 그는 이전 시대의 문화 강국이던 이탈리아인을 재상으로 등용하여 외우기도 복잡한 에티켓과 '의도된 화려함'을 마케팅 도구로 삼았다. 궁중의 삶 자체를 '리얼 버라이어티'처럼 외국 상류사회에 팔기 시작한 것이다. 인류 최초로 현물이 아닌 '라이프스타일'이라는 눈에 보이지 않는 상품을 팔 생각을 하다니, 과연 럭셔리 비스니스의 왕국 프랑스답다.

이로써 남보다 더 좋은 옷, 더 멋진 헤어스타일, 남이 갖지 않은 물건 등으로 과시하기 경주가 시작되었다. 17, 18세기의 파리는 곧 유행을 선도하는 도시가 되었고, 이는 곧바로 유럽의 귀족 사회에 퍼졌다.

하지만 이러한 과시는 프랑스 대혁명을 불러 일으켰다. 이로 인해 귀족이 몰락하고, 대영주들의 토지가 대부분 국가에 몰수되어 토지개혁이 일어났다. 동시에 농업 중심의 사회였던 유럽이 산업혁명을 거치며 변화의 물결을 타기 시작한다. 대도시가 발달하고 신흥 부자인 부르주아가 탄생했다. 대도시에 오글오글 모여 사는 사람들은 이제 누가 영주인지 귀족인지조차 구분할 수 없게 되었다. 그러자 명장이 수공업으로 만든 제품들이 귀족

파리는 그 자체가 하나의 명품이다.

오랜 시간 다져온 안목과 세련됨으로
파리는 모든 것을 융합한
찬란한 명품들을 창조했다.

들 사이에서 유행하기 시작했다. 오랜 시간을 들여 소량만 생산되는 유명 장인의 제품을 가지고 싶어 너도나도 줄을 서기 시작한 것이다.

여기에 미국이 독립하고 발전에 가속도가 붙으며 세계의 패러다임이 변하기 시작한다. 새로운 나라 미국이 세계사의 주역으로 부상하며 모든 것이 달라진 것이다. 미국은 뿌리 없는 이민자들의 사회였다. 별별 인간들이 모두 뒤섞여 새로 판을 짠 이곳에는 가문이나 전통이 중요하지 않았다. 그러니 겉보기로 비슷비슷해진 군중 속에서 어떻게든 자신의 우월성을 입증해보일 무언가가 필요해졌다. 이때 빛을 발한 것이 바로 '우아함과 사치'라는 귀족의 전통을 입증해주는 유럽 장인들이 만든 고급 제품이었다. 이 중 문화를 주도했던 프랑스나 이탈리아에서 온 제품은 명불허전이었다.

부자들이 프랑스의 사치품으로 자신들의 부를 과시하며 차별성을 드러내자, 일반인들도 명품을 넘보고 부자들과 같은 물건을 소유해 자신을 돋보이고 싶어 했다. 부자들이 지닌 물건을 자신도 지니면 그 클래스에 들 수 있으리란 착각을 한 것이다.

이에 19세기 말 미국의 사회학자인 베블런은 자신의 저서 《유한계급론》에서 이런 심리를 '과시적 소비'라는 말로 표현했다. 부를 가진 사람들이 돈과 여가를 낭비하여 자신들이 남보다 많이 소유하고 있다는 것을 과시한다는 말이다. 옛날처럼 시골 마을의 작은 사회가 아니다 보니 누가 누구인지 알 수가 없는 대도시에서는 남들과는 다른 물건을 통해 인정받고 싶어 한다. 그러자 중산층이 자신도 그 클래스에 속한다는 것을 보여주기 위해 이를 모방하고, 곧이어 어렵게라도 이를 따르는 사람들로 인해 이러한 물건들이 대중화된다.

비싼 명품이 돈 가치만큼의 기능을 가지고 있느냐 하면 그건 아니다. 하지만 상위 몇 퍼센트만이 가질 수 있는 비싼 물건이라는 이유만으로 대중들에게 마약 같은 효과를 발휘한다. 그러나 대중이 모두 이 물건을 갖게 되면 럭셔리의 의미는 사라진다. 그러면 최상위층은 또다시 더 비싸고 희소성 있는 물건이나 여가생활을 찾아 떠난다. 비싸서 남이 살 수 없는 물건일수록 자신의 우월함을 증명해주기 때문이다. 이로 인해 가격이 비쌀수록 소비가 늘어나는 기현상이 일어나는 것이다.

그래도 베블런이 과시적 소비를 논하던 19세기 말에서 20세기 중반까지만 해도 명품은 장인의 손에서 태어났다. 그 시대의 명품이란 장인들이 진짜 손으로 만든 물건들이었다. 부자들에게 승마용 마구를 만들어 팔던 헤르메스, 가방을 한 땀 한 땀 박던 루이뷔통, 한 벌의 옷을 만들기 위해 밤을 새워 손수 재단하던 샤넬, 크리스찬 디오르, 이브 생 로랑, 구찌, 셀린, 지방시,

겔랑……. 모두 이 시대 최고의 장인들이었다. 대부분이 프랑스인이거나 이탈리아인인 이들은 자신의 이름을 걸고 사업을 시작했다.

이후 정치가 뒤숭숭한 이탈리아는 뒤처지고, 수백 년간 궁정 문화로 세련된 안목을 축적해온 파리는 노하우를 폭발적으로 발휘하기 시작한다. 파리는 사치를 팔기 위해 준비된 도시였기 때문이다. 미국을 비롯해 전 세계의 부호와 예술가들이 이 도시로 모여들었고, 전설을 만들기 시작했다. 이들은 파리에서 자신들에게는 없는 온갖 귀족적인 우아함과 고풍스러움을 찾았다. 미국의 부호들은 유럽의 귀족들이 쓰던 물건을 사용함으로써 자신들에게 없는 귀족적 전통을 보상받았다. 이때부터 파리는 자신의 이미지를 파는 방법을 터득하기 시작한다. "럭셔리란 가난의 반대말이 아니다. 천박함의 반대말이다"라는 샤넬의 말로 그 시대의 진정한 명품이 무엇을 추구했는지 알 수 있다.

장인들은 옛날부터 전해오던 그대로 손으로 작업했으며 꼭 한정된 수량만 만들어 특정한 이들에게 공급했다. 이는 선망의 대상이 되어 그 자체가 놀라운 홍보 효과를 발휘했다. 옷과 구두, 보석, 향수 등 프랑스 장인들의 솜씨로 만든 작품은 부자들에게 날개 돋친 듯이 팔려나갔다. 예술품이라 해도 믿을 만큼 우아하고 멋지며 세계에 몇 개 없어 아무나 소유할 수 없는 물건이라니……. 명품은 바로 인간의 이런 소유욕과 자부심을 자극하는 물건이었다. 여기에 예술과 향락의 도시 파리였기 때문에 가능한 신비로운 후광은 이 작품들을 '예술품'의 반열에 올려놓았다.

그러나 20세기 후반 미국을 중심으로 한 금융자본주의는 또 한 번 세계의 패러다임을 바꾼다. 명품의 의미가 전혀 다른 방향으로 흐르기 시작한 것이다. 주식시장이 열리며 창업주이자 장인들이 가업으로 일으킨 명품회사들이 거대 자본가들의 공격에 무너지기 시작한 것이다. 예술성에 치중하고 가내 수공업으로 물건을 만들던 장인들은 노련한 기업사냥꾼들에게 속수무책일 수밖에 없었다.

기업사냥꾼들은 M&A를 통해 창업주 장인의 이름을 샀고, 장인의 이름을 건 브랜드 하나하나에 스토리를 담아 철저한 브랜드 마케팅을 시작했다. 하지만 이는 이미지 전략일 뿐 지금의 명품 브랜드들은 창업주와는 상관없는 대기업의 계열사일 뿐이다. 그래도 전 세계는 그들이 내놓는 물건에 담긴 장인들의 이미지에 여전히 열광한다.

이 와중에도 파리가 신화가 된 이유는 자국의 문화 예술과 럭셔리를 결부시키는 기술 덕분이었다. 정상급 브랜드들은 자신들의 의상이나 액세서리를 '작품'이라 칭하고, 고유의 타이틀과

일련번호를 부여해 고객들의 소유욕과 열망을 부추겼다. 과거의 열광을 현대적 마케팅으로 재탄생시킨 것이다.

프랑스 LVMH 그룹의 소유주인 베르나르 아르노는 기업사냥의 전설이 되었다. 파리의 명문 그랑제콜 출신의 탁월한 사업가인 그는 의류, 잡화, 시계, 보석, 여기에 와인과 코냑, 보드카까지 20년 동안 60여 개가 넘는 럭셔리 브랜드를 독식했다. 여기에 백화점과 잡지, 신문까지 소유하고 있으니 유통과 홍보까지 한 그룹 내에서 일사천리로 기획되고 있다. 전 세계 럭셔리 시장의 반을 프랑스가 소유하고, 프랑스 소유 제품의 반은 베르나르 아르노의 소유라고 한다. 세계 경제를 미국이 좌지우지한다지만, 이 경제를 주무르는 남자들을 지배하는 여성들의 마음을 사로잡은 명품시장은 프랑스가 지배하고 있는 셈이다.

누군가는 신문 칼럼에서 베르나르 아르노를 전 유럽을 지배해 황제관을 썼던 나폴레옹에 비유했다. 하지만 베르나르가 나폴레옹보다 한 수 위라는 생각이 든다. 천문학적인 비용을 지불해야 하는 전쟁이라는 방법으로 유럽을 지배한 나폴레옹보다 앉아서 돈을 긁어모으며 전 세계인의 마음을 조종하는 베르나르 아르노는 그 자체가 이미 황제를 넘어 물질세계를 지배하는 신의 반열에 오른 것 같으니 말이다.

이외에 리슈몽Richemont 그룹은 카르티에, 랑셀, 몽블랑, 던

정작 프랑스에서는 루이뷔통이나 샤넬을 든 사람을 찾아보기 어렵다.

어쨌든 현대 사회는 자신의 존재가치를 충족시키기 위해 소유의 욕망이 끊임없이 자극받는 시대다.

힐, 피아제 등의 브랜드를, 프랑소아 피노 소유의 PPR Pinault-Printemps-Redoute은 구찌를 비롯해 프렝탕 백화점, 통신판매 회사였던 르두트, 이브 생 로랑, 프랑스 최고의 서적 유통사인 프낙 FNAC, 세계 2위의 가구 가전 매장인 콩포라마 Conforama를 거느리고 있다. 샤넬 정도가 아직 대기업에 넘어가지 않고 자체 브랜드를 고수하고 있을 뿐이다. 그리고 '럭셔리는 가난의 반대말'이 되었다.

이제 장인은 직접 물건을 만들지 않는다. 장인은 이름만 남았다. 중국이나 베트남의 자동화된 공장에서 대량 생산되고 있다는 것은 공공연한 사실이다. 인간의 심리를 꿰뚫을 줄 아는 노련한 전문경영인과 디자이너들이 대중매체가 만들어낸 '브랜드'라는 이미지를 파는 것뿐이다. 물건 자체의 진정성은 사라지고 마케팅과 광고로 만들어낸 허상만이 존재하게 되었다.

결국, 현대 사회에서 명품이란 물건 자체가 아니라 예술적인 스토리텔링, 역사 그리고 사람들의 가지고 싶다는 욕망이 조합된 신기루이다. 하지만 어떤 방식으로든 자신을 과시해야 하는 본성으로, 설사 중국 공장에서 찍어낸 비닐 가방이라도 귀족의 우아함과 전통의 이미지가 얹힌 고귀한 로고가 찍혀 있으면 쉽게 수백만 원을 지불하는 것이다. 그런데 문제는 신기루는 도달하면 도망간다는 것이다. 또 다른 신기루를 쫓을 수밖에 없다.

매혹의 다른 이름.
파리 그리고 파리지앵

인간의 소유욕이 도달해야 할 무언가가 계속 필요하기 때문이다. 주저 없이, 비쌀수록 더 사고 희귀할수록 더 산다.

이와 동시에 양립할 수 없는 두 개의 단어, 즉 '명품'과 '대중화'가 함께 어우러지게 되었다. 부자들이 드는 물건을 들면 자신도 그 반열에 오를 것이라는 환상은 중산층에게 식비와 문화비를 아껴가며 할부로 고급 가방을 들게 했다. 아이러니한 것은 명품을 파는 아울렛이다. 명품을 우아한 매장에서 최상의 서비스를 받으며 사는 것이 아니라 후줄근한 아울렛에서 반값에 산다고? 과연 명품의 의미가 무엇인지 머리가 갸우뚱해진다.

길에 넘쳐나는 로고는 더 이상 신분을 알려주는 차별성을 지니지 못하게 되었다. 프랑스 거대기업들이 노리는 것이 바로 이것이 아니었나 하는 생각이 든다. 그들은 결코 전 세계 1퍼센트의 최상류층을 겨냥하는 것이 아니다. 그건 자기네 물건을 사용한다는 광고판일 뿐이고, 정말 돈을 버는 것은 중산층 개미군단들이 와서 바치는 '조공'을 통해서가 아닐까. 중산층에게서 번 돈으로 고급 맞춤복인 오트쿠튀르 패션쇼를 열고, 이걸 보고 미국이나 아시아의 스타들이 협찬으로 기성복인 프레타포르테를 입고 TV나 화보에 등장하고, 그러면 전 세계 여성들이 열광해서 너도나도 지갑을 열고……. 과시와 소비의 순환고리다.

정작 프랑스에서는 루이뷔통이나 샤넬을 든 사람을 찾아보기 어렵다. 그들은 이런 브랜드의 제품들을 그야말로 1퍼센트의 상류층만 소유하는, 중산층 이하인 자신들과는 무관한 물건으로 생각한다. 실제로 프랑스 루이뷔통 전체 판매량의 대부분은 일본, 한국, 중국에서 소비된다고 한다. 파리의 루이뷔통 매장도 아시아인 전용이다. 하도 사람이 많아 줄을 서서 몇 명씩만 입장시킨다. 그것도 한 번에 핸드백 1개와 지갑 2개로 구매량이 한정되어 있다. 프랑스 땅에 가서 돈 써가며 이런 대접 받으며 황송해한다. 정말 대단한 프랑스의 마케팅 실력이다.

인간의 욕망에는 세 개의 단계가 있다고 한다. 가장 낮은 단계인 생존 욕망은 먹고 잘 곳만 있으면 만족한다. 이 욕망이 채워지고 나면 그다음은 남보다 더 많은 것을 소유하고 싶은 욕망이다. 그리고 남보다 더 많이 소유했다는 욕망이 채워지고 나면 자신의 존재를 인정받고 싶은 욕망이 생긴다고 한다. 위로 올라갈수록 하위의 욕망은 줄어든다. 자신의 존재가치가 충족되면 소유의 욕망이 줄어드는 것이다.

하지만 현대 사회는 자신의 존재가치를 충족시키기 위해 소유의 욕망이 끊임없이 자극받는 시대다. 사치품을 만드는 기업들은 인간의 이 욕망을 부단히 부추겨야 이득을 보기 때문이다. 인간은 한계효용 체감의 법칙에 매여 있고 아무리 비싸고 귀한 물건이라도 소유하고 소비하게 되면 그 만족도가 점차 감

매혹의 다른 이름,
파리 그리고 파리지앵

소한다. 아주 갈증이 나던 더운 날에 첫 모금에 쭉 들이켜는 맥주의 맛을 생각해보면 알 수 있다. 두 모금, 세 모금, 그다음 잔은 점점 처음 먹을 때의 느낌과 다르다. 잠깐은 소유감에 행복하지만 만족도는 시간이 가면서 점점 떨어진다. 또다시 소유욕을 만족할 새로운 사치품을 찾아 헤맨다.

현대인이 종교에 취약한 것은 이 때문일지도 모른다. 물질에서의 피로함을 보상받고 싶어 하는 것이다. 어쩔 수 없이 인간의 반은 물질의 영역에, 다른 반은 정신의 영역에 닿아 있다. 물질만으로는 허전하다. 인간을 인간답게 만들고, 진정 타인들 속의 우월한 존재로 만드는 것은 겉껍질이 아닌 인성과 정신이기 때문이다.

왜
순응하는가

◇◇◇◇
Liberté
자유

파리라는 도시는 공기 자체가 다른 듯하다. 현재와 과거가 공존하며 유행도, 강박관념도 없이 모두가 나름대로 자신만의 일상을 존중하며 산다. 어떻게 하나의 도시가 이렇게 온통 자유의 느낌으로 충만할 수 있는지……. 하지만 어릴 때부터 '자유'라는 느낌을 제대로 학습하지 못한 나에게는 무한한 자유가 일종의 공포였다.

대학을 졸업하고 유학길에 올라 프랑스에 처음 도착한 다음 날 느낀 공포는 지금도 생생하다. 사실 첫눈에 반하는 사랑처럼 파리와 도착하자마자 사랑에 빠지는 상상을 했건만, 솔직히 말

매혹의 다른 이름,
파리 그리고 파리지앵

하건대 첫인상은 좋고 나쁨의 문제가 아니었다. 이런 모든 것을 초월한 일종의 '막막함'이었다. 그것은 무한히 놓인 자유가 주는 막막함, 아니 좀 더 솔직하게 이야기하자면 두려움이라고 하는 편이 옳다. 아무도 내게 뭐라 하지 않았고, 그 누구도 내게 의무 같은 것을 강요하지 않았다. 밥 먹으라는 사람도, 공부하라는 사람도, 일찍 들어오라는 사람도 없는 이 세상에 완전히 홀로 내동댕이쳐진 이 느낌은 처음 느껴보는 고독이었다. 그때 처음으로 느꼈다. 완전한 자유는 고독과 색이 같다는 것을. 그래서 아름다운 자유의 도시 파리는 때론 고독한 색을 풍긴다.

젊은 시절, 교과서에 나온 '색즉시공 공즉시색色卽是空 空卽是色', 즉 있는 것이 없는 것이고 없는 것이 있는 것이라는 말이 나는 도무지 이해가 가지 않았더랬다. 이 무슨 알 수 없는 소리인가 말이다. 그런데 나이가 들면서 그 의미가 조금씩 이해가 되기 시작한다. 사물은 서로 대비되는 것이 함께 있어야 의미가 있다. 나쁜 일이 있기에 좋은 일이 얼마나 좋은 것인지를 알 수 있듯이 말이다. 그러니 나쁜 일은 좋은 일을 기쁘게 느끼기 위해서라도 없으면 안 되는 필수 요소인 것이다. 말장난 같지만, 궤변은 아니다. 프랑스에서 나는 자유라는 것이 어느 정도의 구속이 있어야 선명하게 색을 드러낸다는 것을 알았다. 미술에는 서로의 색을 가장 잘 살려준다는 보색 대비라는 말도 있지 않은가?

해탈한 성인이 아닌 이상 오늘 안 하면 내일 해도 되고, 내일 안 하면 모레 해도 되고, 올해 안 하면 내년에 해도 되는 무한한 시간 앞에서 기가 죽는다. 오히려 의무적으로 해야 할 일이 많은 와중에 짬짬이 틈을 내서 보내는 혼자 있는 시간, 그 '자유'가 주는 달콤함은 온몸에 전율을 흐르게 한다. 단 일 분도 헛되이 보내지 않기 위해 나의 동공은 확장되고, 뇌세포는 엄청난 집중력을 발휘했다. 혼자만의 시간에 굶주려 있던 나는 허겁지겁 모든 감성적인 것, 지적인 것들을 집어삼켰다. 자유가 이렇게 달콤한 것이던가.

그런데 자유는 도대체 언제부터 정치, 경제, 사회 그리고 우리의 일상에서까지 이토록 남용하며 쓰게 된 단어일까? 사회의 틀 안에 사는 한 완전한 자유란 존재하지 않다. 하지만 별로 의식하지 못하면서도 우리는 언제나 자유를 꿈꾼다. 근대적 의미의 자유라는 개념이 성립하는 데는 1789년의 프랑스 대혁명이 큰 디딤돌 역할을 했다. 프랑스 대혁명은 유럽의 한 나라 프랑스에서 일어난 일이었지만 전 세계 인류의 삶에 준 의미는 실로 방대했다.

프랑스 대혁명은 파리 시민이 바스티유 감옥을 습격한 데서 본격적으로 불이 붙었다. 바스티유는 반역죄를 저지른 정치범들을 수용하는 감옥으로 당시 절대왕정의 상징이었다. 이러한 바스티유를 습격해 점령했다는 것은 수천 년 동안 집권해오던 억압자에 대항해 그들이 가진 신성불가침의 주권을 빼앗고 주권이 국민에게 있음을 세상에 천명한 것이었다. 민주주의는 여기에서부터 출발했고, 지금 지구상에 왕정이 남아 있는 곳은 손가락으로 꼽을 정도가 되었다. 프랑스 대혁명은 민주주의의 시발점이었고, 자유, 평등, 박애라는 그 정신은 현재 프랑스 국기의 삼색인 파란색, 흰색, 빨간색으로 상징되고 있다.

어지러운 시대를 깔끔하게 정리하고 국민이 나라의 주인이 된 19세기 말과 20세기 초반의 파리는 상상만 해도 축제 그 자체였을 것 같다. 너무도 억눌렸던 지난 세기를 살아온 파리 사람들은 자유의 공기를 듬뿍 누렸다. 무엇이든 말할 수 있고, 무엇이든 허용되는 자유의 도시 파리, 이 아름다운 도시에서 사람들은 인간의 개성을 한껏 꽃피울 수 있는 '지성'과 '예술'로 가득 찬 삶을 살았다. 그래서 프랑스인들은 이 시대를 아름다운 시절을 뜻하는 '벨 에포크'라 하며 그리워한다. 사치와 허영에 들뜬 사람들, 지성과 예술에 굶주린 사람들, 망명자들, 방탕한 남녀들, 모두가 자유가 있다는 이 도시로 몰려들었다. 파리 또한 어렵게 찾은 자유에 대한 허기진 배로 모든 이들을 보듬었다.

혁명으로 몰락한 귀족 가문 자제들은 허영과 높은 교육 수준, 예술에 대한 감각만 퍼렇게 살아 있었다. 이제 그들을 보호

파리라는 도시는 공기 자체가 다른 듯하다.

현재와 과거가 공존하며 유행도,
강박관념도 없이 모두가 나름대로
자신만의 일상을 존중하며 산다.

해주던 왕이라는 보호막은 사라지고 차가운 세상에 내동댕이쳐졌다. 막대한 부를 축적한 부르주아나 사회의 지도층 인사가 되기 위해 평민들과 똑같이 경쟁해야 하는 시대가 온 것이다. 하지만 조상 대대로의 가문이라는 후광 속에 거들먹거리며 자란 도련님들은 냉정한 사회에서 살아남을 경쟁력이 부족했다. 후광이 사라지고 가진 거라고는 높은 교육 수준과 우아함뿐이던 이들이 택할 길은 사교계에서 성공하는 길이었다.

사교계에서는 줄만 잘 타면 쉽게 성공하고 빛날 수 있었다. 당대의 성공한 사람들이 모여 지식을 뽐내고 가식적인 웃음과 우아함으로 지적 허영심을 만족했던 사교계에서 이들은 몸에 밴 기품으로 눈에 띄었을 뿐만 아니라, 지적인 이야기꾼이 될 수 있었다.

당시 파리를 제외한 프랑스 대부분의 지역은 농촌 사회였고, 전원적인 삶을 살았다. 이런 조용한 농촌에 파리의 떠들썩한 이야기들이 전해지기 시작했다. 시골에서 무료한 삶을 살던 젊은 이들에게 파리는 자유와 즐거움이라는 꿈을 주었다. 허영기 있는 청춘은 너도나도 파리에 가면 성공하리라 생각했다. 하지만 비열한 대도시의 삶이 그렇게 녹녹하지 않았으리라. 이들 중 인물 좀 있다는 남성들은 사교계의 주변을 맴돌고, 처녀들은 몸을 팔기 위해 파리의 뒷골목으로 스며들었다. 춤과 술, 담배, 매

매혹의 다른 이름,
파리 그리고 파리지앵

춘, 도박……. 오히려 이 어둠이 예술과 합쳐져 파리를 데카당스하고 오묘한 분위기로 만들었다.

여기에 민중이 왕을 공개 처형한 파리로, 외국의 망명자와 지식인, 예술가들이 몰려들지 않을 수 없었다. 새로운 사상을 가진 자들, 자신의 나라도 혁명으로 뒤바꾸고 싶은 자들, 이들은 고국에서는 함부로 말할 수 없는 사상들을 파리에서는 자유롭게 토론하며 자신들도 언젠가는 영웅이 되리라 다짐하며 담배 연기를 내뿜었다. 카를 마르크스가 엥겔스를 만난 것도 파리였고, 레닌과 트로츠키가 프롤레타리아 혁명을 꿈꾼 것도 이 도시였다. 또 외설이라는 이유로 자신의 나라에서는 발간할 수 없는 책들도 파리에서는 가능했다. 제임스 조이스의 《율리시스》도, 헨리 밀러의 《북회귀선》도 자국에서는 금서 목록에 올랐지만 파리에서는 출판할 수 있었다.

큐비즘과 초현실주의, 모든 실험적 예술들, 부조리한 시와 소설, 전위적인 사진들은 이 동네에서 부화했다. 세계 최초로 영화를 만든 이도 프랑스의 뤼미에르 형제였고, 영화관이 처음 생긴 곳도 파리의 불르바르였다. 조국 폴란드를 떠나 쇼팽과 퀴리 부인이 실력을 마음껏 꽃 피운 곳도 이곳이었다. 그래서 자유를 흠뻑 머금은 단어 '아방가르드'도 이 도시에서 태어났다.

실험적이고 새로운 행위를 말하는 아방가르드는 프랑스어로,

본래 근대 이전의 전투에서 가장 앞 열을 맡는 부대인 전위대를 뜻하는 군대 용어였다. 프랑스 혁명 이후로는 정치적 급진파를 가리키는 말로 쓰였다. 구체제에 저항해서 새로운 것을 추구하는 모습이 전투에 있어서 선봉에서 싸우는 부대와 비슷했던 것이다. 그러다가 19세기 말에 이르러선 전통과 관습에 대한 고정관념의 해체를 목표로 하는 전위적, 급진적인 예술의 사조를 가리키는 말로 그 의미가 정착했다.

아방가르드는 구시대의 예술과 사회를 거부하고 단절하려고 했다. 20세기 초 벨 에포크 시대에 파리에서 가장 찬란한 창작의 시절을 보낸 초현실주의 화가 살바도르 달리는 자신의 저서에 이렇게 쓰고 있다.

사실 나는 일생 '정상성'이라는 것에 익숙해지는 게 몹시 어려웠다. 내가 접하는 인간들, 세상을 가득 매우고 있는 인간들이 보여주는 정상적인 그 무엇이 내게는 혼란스러웠다. 내 생각에는 생길 수도 있는 일들이 절대로 생기지 않는 것도 의문이었다. 나는 인간이 언제나 가장 엄격한 순응주의 법칙에 따라 행동하는 것을 이해할 수가 없었다. 나는 인간 존재가 개인화되지 않는 정도가 너무나 심한 것도 이해할 수 없었다.

매혹의 다른 이름,
파리 그리고 파리지앵

아방가르드는 기존의 사회적인 질서 자체에 의문을 갖는다. 이는 프랑스 대혁명의 사상에서 영감을 받은 감성이 문화 쪽에서 터져나온 듯하다. 고대에서부터 르네상스를 지나며 자연을 그대로 모방하는 데 가장 중점을 두었던 아카데미즘과 선대들이 이룩한 영원한 미의 기준도 거부한다. 르네상스 이래로 장인정신에 깊이 뿌리를 두고 이룩해온 예술의 개념은 이제 개인의 주관적인 창작에 자리를 양보했다.

예술에서뿐 아니라 이 시대의 젊은이들에게 치명적인 영향을 준 작가 앙드레 지드는 북아프리카 알제리 여행을 하고 돌아와, 1897년 《지상의 양식》을 발표했다. 이 책은 당시 기성의 도덕과 질서에 대한 도전으로 여겨져, 나쁜 책의 상징으로 비난받았다. 그는 이렇게 외쳤다.

나타나엘이여, 나의 책을 던져버려라. 거기에 만족하지 마라. 그대의 진리가 다른 사람에 의해서 발견될 수 있으리라고 생각하지 마라. (…) 그대 자신 속에서가 아니고는 어느 곳에도 없다고 느끼는 것 외에는 집착하지 마라. 그리고 초조하게 또는 참을성 있게, 아아! 무엇으로도 대치할 수 없는 존재를 너 스스로 창조하라.

"사실 나는 일생 '정상성'이라는 것에
익숙해지는 게 몹시 어려웠다.
나는 인간 존재가 개인화되지 않는 정도가
너무나 심한 것도 이해할 수 없었다."

이 시대를 살았던 파리 사람들의 자신 속에서부터 끓어오르는 자기애와 자유에 대한 사랑이 그대로 전달되지 않는가? 파리는 이런 도시다. 이렇게 만들어진 파리가 위대하지 않을 수 없다.

우리가 숨 쉬는 이 자유가 태어나게 해준 사람들이 걸었던 거리와 그들이 모여 토론하던 곳들을 현재 모든 분야의 트렌드세터들은 궁금해 했고, 또 그곳으로 모여들었다. 서로 교류하며 시너지 효과를 냈던 것이다. 이 도시를 배회하며 자신 안의 자유로운 감성을 뱉어냈다. 그들의 환상이 자유를 만들었다. 도시의 허영 속에서 스타일을 뽑아내 자기만의 것을 창조한 도시, 어쩌면 파리의 자유는 인간의 허영과 이상을 먹고 컸다.

KI신서 5665
한 번쯤, 파리지앵처럼

1판 1쇄 인쇄 2014년 6월 2일
1판 1쇄 발행 2014년 6월 9일

지은이 민혜련
펴낸이 김영곤 **펴낸곳** (주)북이십일 21세기북스
부사장 임병주 **이사** 이유남
미디어콘텐츠기획실장 윤군석 **인문기획팀장** 정지은
책임편집 장보라 **디자인** 전지선 **사진** 손초원 김다운
마케팅1본부장 안형태 **마케팅** 최혜령 이영인 김홍선 강서영
영업본부장 이희영 **영업** 권장규 정병철
출판등록 2000년 5월 6일 제10-1965호
주소 (413-120) 경기도 파주시 회동길 201(문발동)
대표전화 031-955-2100 **팩스** 031-955-2151 **이메일** book21@book21.co.kr
홈페이지 book21.com **트위터** @21cbook **블로그** b.book21.com

ⓒ 민혜련, 2014

ISBN 978-89-509-5607-3 13810
책값은 뒤표지에 있습니다.

이 책 내용의 일부 또는 전부를 재사용하려면 반드시 (주)북이십일의 동의를 얻어야 합니다.
잘못 만들어진 책은 구입하신 서점에서 교환해 드립니다.